JN125889

トルストイ『三つの死』でまなぶロシア語

桑野 隆

トルストイ『三つの死』でまなぶロシア語

水声社

はじめに

　Лев Толсто́й レフ・トルストイの短篇小説 Три сме́рти『三つの死』（1858）
の全体をとりあげ，語義・文法・文体等に関して注を付しました。
　対訳も添えてありますが，本書は「文学作品を原文で味わう」ことを第一の
目的とするものではありません。重点は，初級既修者の「ロシア語力の向上」
におかれています。

　この『三つの死』にたいしては，1905 年に出た *Manuel pour l'étude de la
langue russe, textes accentués, commentaire grammatical, remarques diverses en
appendice, lexique* (Paul Boyer, Nikolaï Speranskiĭ, Armand Colin, Paris) において文
法や語形成を中心に詳細な注が添えられているほか，日本でも藤田斉子，西和
子の両氏による『訳注　三つの死』（斉和ロシア語研究会，1994 年）という詳
細な注釈本が出ています。後者には対訳も添えられています。いずれの著書も，
ロシア語学習者にとって大いに役立つはずです。本書ではこれらの注釈も参考
にしました。
　ただ，これらの注釈のレベルはかなり高く，ロシア語やロシア文学を専攻し
ている方には実力アップの手助けになるにしても，週一コマないし二コマの初
級コースを終えただけの学習者にはまだ近寄りがたいところがあります。
　一般に，これまで出版されてきているロシア文学作品の対訳・注釈書の多く
は（ＮＨＫのラジオ講座の応用編も含め），中級というよりも上級のレベルの
読者を念頭においています。
　また，文学作品としての魅力を味わうことを主目的としているためか，語義
が添えられていたとしても，それぞれの語や語句の文法や用法についてはさほ

ど説明されていません。

　それにたいし，本書では語彙だけでなく文法・表現面に関して，一般の注釈書では説明無用として省いているようなレベルの現象も含め，細かく注を付けてみました。初級レベルを超える場合はすべて語注を付しましたので，辞書を引く必要もほとんどありません。またテクストの最後に，すべての動詞を重要度別に三段階にわけた一覧を添えておきました。

　とはいえ，やはり大作家の作品である以上，中級レベルで読むにはむずかしい点もときおり見られます。とくに駅逓馬車の御者たちの会話では，通常の会話では使いこなす必要のない「民衆語」がとびかっています。しかも，トルストイは当事者の言葉遣いをそのまま取り入れるというよりも，みずから手を加えた文学上の「地主貴族語」と「民衆語」を用いていました。

　そのほか本書では，上級レベルの読者も考慮に入れ，（多くの注釈書ではほとんど言及されていない）19世紀のロシア文学（あるいはトルストイ）に特徴的な用法にも触れています。その点では，これまでにロシア文学を原文で読まれた経験のある方にも十分に役立つものと思われます。

略記で示した品詞

〚男〛男性名詞	〚形〛形容詞	〚不完〛不完了体動詞	〚接〛接続詞
〚女〛女性名詞	〚代〛代名詞	〚完〛完了体動詞	〚前置〛前置詞
〚中〛中性名詞	〚不定代〛不定代名詞	〚副〛副詞	〚間〛間投詞
〚複〛ふつう複数形の名詞			

＊

　初級レベルでは未習のことが多い**形容分詞（形動詞）**と**副分詞（副動詞）**が、『三つの死』ではかなり出てきます。
　形容分詞は 45 例出てきますが、その大部分は能動形容分詞過去「…していた・した」と被動形容分詞過去「…された」です。

	能動形容分詞	被動形容分詞
現在	**чита́ющий** 読む・読んでいるところの 〚不完〛	**чита́емый** 読まれる・読まれている〚不完〛
過去	**чита́вший**　読んでいたところの〚不完〛 **прочита́вший**　読み終えたところの〚完〛	**прочи́танный**　読まれた 〚完〛

　副分詞は 84 例出てきます。不完了体副分詞と完了体副分詞の区別は、英語の分詞構文における現在分詞型と過去分詞型の区別にほぼ対応しています。

不完了体副分詞	完了体副分詞
чита́я 読みながら、読みつつ、読んでいるときに	**прочита́в** 読んでから、読んだあとで、読むと
主文の動詞の示す動作と同時に・平行して行なわれる動作をあらわす	主文の動詞の示す動作に先立って完了したべつの動作をあらわす

　なお、作品の朗読は以下の二つのサイトで聞くことができます。

10 класс - Толстой Л.Н. - Три смерти (Аудиокнига) - поиск Яндекса по видео
　https://yandex.ru/video/preview/13881880549716055759

Лев Толстой - Аудиосказка Три смерти
　https://papaskazki.ru/audiozapisi/tri-smerti.php

Лев Толстóй «Три смéрти[1]»

レフ・トルストイ『三つの死』

1

Была́ о́сень.[2] По большо́й доро́ге[3] ско́рой[4] ры́сью[5] е́хали два экипа́жа.[6] В пере́дней[7] каре́те[8] сиде́ли[9] две же́нщины. Одна́ была́ госпожа́,[10] худа́я[11] и бле́дная.[12] Друга́я[13] —[14] го́рничная,[15] глянцеви́то-румя́ная[16] и

時は秋。街道を二台の乗用馬車が速めの跑で走っていた。前方のバネ付き四輪馬車には二人の女性が乗っていた。ひとりは地主夫人で，やせて，青白かった。もうひとりは小間使いで，つやつやとし

каре́та

1   смерть 《女》「死」。【文法】個数詞＋名詞が主格のとき，2，3，4 のあとの名詞は単数生格。

2   【文法】未来時制なら Бу́дет о́сень. 現在時制ならゼロ述語で О́сень.（英語：It is autumn.）ロシア語には，現在時制のときに主格の一語のみで表現される文がある。例 У́тро.「朝です」。

3   больша́я доро́га「主要道路，街道」。通常は都市と都市を結んでいる道路。これにたいし просёлочная доро́га「田舎道」は село́「村」と село́ を結ぶ道。【用法】《по ＋与格》は「移動の表面」（その上を移動する）をあらわしており，「…の脇の道」ではない。例 идти́ вдоль доро́ги「道路の脇を歩いていく」。

4   ско́рый 《形》「速い」。

5   ско́рой ры́сью「速めのだくで」。ры́сью「だく（足）で」はおもに馬の進み方を示す副詞だが，このように形容詞が修飾している場合は名詞 рысь 《女》の造格ともみなせる。ギャロップほど速くはないが，前足を高くあげて走る。ры́сью は，（32 頁のように）人間やほかの動物の速い動きにも使う。

6   ロシア語には「馬車」という語がいくつか存在するが，экипа́ж 《男》は乗用馬車一般をあらわす。【用法】今日のロシア語では е́хать より идти́ がふつうであり，乗り物自体の動きに е́хать を使うのは口語的。【文法】два экипа́жа が主語のとき，述語動詞は単数中性のこともある。一般に，個数詞が 2，3，4 のときは，個別性（数えられる）に重点をおき，複数になることが多い。【補注】以上の 2 つの文でこの小説の第 1 章の時間と空間が明示されている。じつは，秋の道はぬかるんでおり，旅行には不向きであった。

7   пере́дний 《形》《軟変化》「前方の」 ↔ за́дний「後方の」。

8   каре́та 《女》「バネ付き四輪箱馬車」。この短篇の地主貴族のように富裕な者が利用。【補注】バネ付き四輪箱馬車のサイズはさまざまで，六頭立てもあった。乗降用の扉のほか，左右と前方にガラス窓が備わっていた。馬車のサイズにもよるが四頭立て（ないし三頭立て）のことが多かった。四頭立ての場合，四頭を横一列につないだものと，二頭ずつに分けているものがあった。前者は幅広い道を必要とした。

9   сиде́ть 《不完》（動作ではなく状態を示す動詞で，完了体はない）。ここでは，「すわっている」ではなく，「乗っている」。例 сесть в самолёт は「飛行機にすわる」ではなく「飛行機に乗る」。

10   госпожа́ 《女》「（帝政ロシアの）地主貴族夫人」= ба́рыня. これにたいし же́нщина 《女》は女性一般をあらわす。госпожа́ に対応する男性名詞は господи́н (= ба́рин)。複数形は господа́ (= ба́ры あるいは ба́ре)。【用法】ба́рин は дворяни́н「貴族」，поме́щик「地主（ふつう貴族）」，чино́вник「官吏」などの総称として用いられるほか，農奴にたいする「主人」という意味ももっていた。

11   худо́й 《形》「やせた」= то́нкий.

12   бле́дный 《形》「血の気がない，青白い」。

13   【用法】оди́н と друго́й を対比して使う。одна́ же́нщина…, друга́я же́нщина…「ある…は，またある…は」，「一方は…，他方は…」。

14   【文法】先行する文と同一の動詞の同一形態が述語にくる場合（ここでは была́），省

11

по́лная.[17] Коро́ткие[18] сухи́е[19] волоса́[20] выбива́лись[21] из-под[22] полиня́вшей[23] шля́пки,[24] кра́сная[25] рука́ в про́рванной[26] перча́тке[27] поры́висто поправля́ла[28] их. Высо́кая грудь,[29] покры́тая[30] ковро́вым плат-

た赤らんだ顔をしており，ふとっていた。短いぱさぱさした髪が色褪せた帽子の下からはみだすたびに，使い古して穴のあいた手袋をはめた赤らんだ手がしきりに髪をなおしていた。分厚い毛織のショールをかけたふくよかな胸は健康で息づいており，きょろきょろ動

略することが多い。

15　го́рничная〚女〛《形容詞変化》「小間使い」。元の形容詞 го́рничный は現在では用いられない。

16　глянцеви́тый〚形〛「つやのある」（= гля́нцевый）は，この例のように，単独でなく複合形容詞の前半に（глянцеви́то-）使われることも多い。румя́ный〚形〛「赤い，血色のよい」の元の名詞 румя́нец〚男〛は，健康な人の顔の赤みをあらわす。

17　по́лный〚形〛「太った」= то́лстый.【用法】面と向かっては по́лный を用いるのがふつう。【文法】名詞を直接修飾するのではなく，語調や意味の面で名詞から分離されているときに形容詞（独立定語）を名詞のうしろにおく場合，名詞のあとにコンマを付す。この箇所は，госпожа́ と го́рничная の外貌の対比をいっそうきわだたせている。

18　коро́ткий〚形〛「短い」↔ дли́нный「長い」。

19　сухо́й〚形〛「かさかさ・ぱさぱさの，乾いた」。【文法】この箇所（коро́ткие сухи́е）のように性質形容詞どうしが並んでいて，両者のあいだに и やコンマがない場合は語順は任意とされているが，より安定した・一貫した特徴を示す形容詞のほうが名詞の直前にくることが多い。関係形容詞どうしが並んでいる場合も同様。двухэта́жный деревя́нный дом「二階建ての木造の建物」。

20　【用法】волоса́ は во́лос〚男〛「髪」の複数形であるが，あとの箇所で夫人の髪を描写している箇所では во́лосы という複数形が使われている。前者はたんに古い形態であるだけでなく俗語的なニュアンスが伴っていたのかもしれない。農民が会話で使う形態だったと記しているものもある。トルストイが意識的に使い分けているのであろう。

21　выбива́ться〚不完〛「はみ出る」。この不完了体は反復される動作をあらわしている。

22　из-под〚前置〛《生格》「…の下から」。

23　полиня́ть〚完〛「色褪せる」の能動形容分詞過去「色褪せた」。ここでは形容詞化して полиня́лый〚形〛「色褪せた」と同じ意味で用いられている。【文法】形容分詞は動詞に伴っていた時間的意味を失い，動作ではなく性質・特徴を示す形容詞に移行することがよくある。

24　шля́пка は шля́па〚女〛「（まわりにつばのある）帽子」の指小語。つばのない帽子は ша́пка（指小語は ша́почка）。【用法】女性の持ち物，服装などを示すときに指小語がよく使われる。〔例〕су́мочка「ハンドバッグ」（су́мка〚女〛「バッグ」の指小語）。

25　кра́сный〚形〛「赤い（色の）」ではなく「赤らんだ，血色のよい」。

26　прорва́ть〚完〛《対格「…を」》「（使い古して）穴をあける」の被動形容分詞過去。ここでは「穴があけられた」ではなく形容詞化して「穴のあいている」。

27　перча́тка〚女〛「手袋」（54 頁の рукави́ца「ミトン」と異なり指が一本一本分かれている）。【用法】《в +前置格》で着用しているものをあらわす。〔例〕в ша́пке「帽子をかぶって（いる）」，в сапога́х「ブーツをはいている」，в кра́сном「赤い服を着ている」。

28　поправля́ть〚不完〛《対格「…を」》「なおす，整える」。反復される動作をあらわす不完了体。副詞の поры́висто「せかせか」も反復を示している。

29　грудь〚女〛「胸」。высо́кая грудь は訳としては「高い胸」というよりも「ふくよかな胸」。反対は 20 頁の впа́лая грудь。

30　покры́ть〚完〛《対格「…を」》「おおう」の被動形容分詞過去。

ко́м,[31] дыша́ла здоро́вьем,[32] бы́стрые чёрные[33] глаза́ то следи́ли[34] через окно́ за убега́ющими[35] поля́ми,[36] то ро́бко[37] взгля́дывали[38] на госпожу́, то[39] беспоко́й-но[40] оки́дывали[41] углы́[42] каре́ты. Перед но́сом[43] го́р-ничной кача́лась[44] приве́шенная[45] к се́тке[46] ба́рыни-на[47] шля́пка, на коле́нях[48] её[49] лежа́л щено́к,[50] но́ги её поднима́лись[51] от шкату́лок,[52] стоя́вших[53] на полу́[54]

く黒い瞳は，走り去る野原を窓越しに追っていたかと思うと，奥様のほうにおずおず眼をやったり，馬車の隅々を不安げにながめまわしていた。小間使いの目の前では，網棚に吊るされた夫人の帽子がぶらぶら揺れ，膝の上には子犬が寝そべっていた。小間使いの足は，床においたいくつかの手箱のせいでもちあがっており，手箱を太鼓

31 ковро́вый плато́к「分厚い毛織の（絨毯 ковёр に似た）ショール」= ковро́вая шаль.【文法】ковро́вым платко́м は「道具・手段」の造格。

32 дыша́ть〘不完〙は，あとに све́жий во́здух「新鮮な空気」などが造格でくる場合（「呼吸する」）とはちがい，здоро́вье「健康」や дово́льство「満足」の造格がくると「健康・満足であふれている」を意味する。

33 чёрный〘形〙「黒い」。【用法】髪や眼の色をあらわすときの「黒い」は чёрный と тёмный が使われるが，後者はやや弱めの黒で「黒っぽい髪・眼」に使うことが多い。ただし完全に同義でも使われる。

34 следи́ть〘不完〙《за + 造格》「（動くものを）目で追う」。следи́ть через окно́「窓越しに追う」。

35 убега́ть〘不完〙「遠ざかっていく」の能動形容分詞現在（いま進行中の動作）。

36 по́ле〘中〙「野原，草原」。

37 ро́бко〘副〙「おずおずと，こわごわ」。

38 взгля́дывать〘不完〙《на + 対格「…を」》「ちらちら見る」。完了体は взгляну́ть「ちらり見る」。

39 【用法】то..., то..., のかたちで「あるいは…あるいは…」，「…したり…したり」。二つの不完了体動詞はほぼ同時に行われている動作を示している。この箇所では，落ち着かない様子をあらわしている。

40 беспоко́йно〘副〙「落ち着かず，不安げに」↔ споко́йно「落ち着いて，穏やかに」。

41 оки́дывать〘不完〙《対格「…を」》「仔細に見る，つくづくながめる」= осма́тривать.【用法】完了体の оки́нуть「ぱっと見る」が瞬間的な動作をあらわすのにたいして，この不完了体は「隅々をながめまわしている」感じをよくあらわしている。

42 у́гол〘男〙「隅，角」の複数対格。

43 перед но́сом「鼻先で，すぐ目の前で」《俗語》= под (са́мым) но́сом.

44 кача́ться〘不完〙「揺れる」。

45 приве́сить〘完〙《対「…を」к + 与「…に」》「吊るす」の被動形容分詞過去。

46 се́тка〘女〙「網棚」。

47 ба́рынина は所有形容詞 ба́рынин の単数女性主格（< ба́рыня「地主貴族夫人」）。【用法】この型の形容詞は現在ではあまり用いられず，名詞の生格「〜の」を後置して示すことが多い。例 шля́пка ба́рыни.

48 коле́но〘中〙「上肢，腿」の複数前置格。на коле́нях「膝の上に」。

49 её〘所有代名詞〙「彼女の」。【19世紀ロシア語】на коле́нях её：19世紀（ことに前半）のロシア文学には，所有代名詞が名詞のうしろに位置している例がまだかなり残っている。詩などの場合はリズムとの関係で説明されていることもあるが，散文ではリズムや歌唱性に関係なく「伝統的」でしかない場合が多い。この『三つの死』でも多用されている。

50 щено́к〘男〙「子犬」。

51 поднима́ться〘不完〙「もちあがる」。

52 шкату́лка〘女〙「小箱」。от шкату́лок「いくつかの小箱のせいで」。

53 стоя́ть〘不完〙「おいてある」の能動形容分詞過去。

54 полу́ は пол〘男〙「床」の前置格。шкату́лки, стоя́вшие на полу́「床においてあっ

и чуть[55] слы́шно[56] подбараба́нивали по ним[57] под[58] звук[59] тря́ски[60] рессо́р[61] и побря́киванья[62] стёкол.[63]

Сложи́в[64] ру́ки на коле́нях и закры́в[65] глаза́, госпожа́ сла́бо[66] пока́чивалась[67] на поду́шках,[68] зало́женных[69] ей за́ спину,[70] и, слегка́[71] намо́рщившись,[72] вну́тренно[73] пока́шливала.[74] На голове́[75] её был бе́лый

のようにたたく音が，馬車のバネの震動音や窓ガラスの鳴る音に合わせてかすかに聞こえていた。

奥様は，膝の上で手を組み，眼を閉じており，背中にあてがわれたクッションの上でわずかに揺れながら，少しひたいにしわをよせ，ときおり胸の奥で咳をしていた。頭には白いナイトキャップ，そし

たいくつかの小箱」のため足がもちあがっている。【用法】「おいてある」という動詞は，шкату́лка, сунду́к〘男〙「(貴重品などを入れる，鍵のかかる)櫃」にたいしては стоя́ть，мешо́к〘袋〙にたいしては лежа́ть を用いる。чемода́н〘男〙「旅行カバン」の場合は種類によって双方ありうる。**一般に縦におかれているか横におかれているかで分かれている場合が多いが，На столе́ стои́т таре́лка / пе́пельница.「テーブルの上に皿・灰皿が出ている」などのように，縦でなくても本来の機能が発揮できる状態では стоя́ть になる語がある。**На столе́ стои́т суп. という表現もよく使われる。「スープの入った皿」を念頭においている。

55　чуть〘副〙「かろうじて」。

56　слы́шно〘副〙「聞こえるように」。

57　подбараба́нивать〘不完〙「こきざみにコトコト音をたてる」< бараба́нить〘不完〙「太鼓 бараба́н をたたく」。【文法】接頭辞 под- は軽度な動作というニュアンスを添えている。「かろうじて聞こえるほどに」に呼応。接頭辞 под- で軽度な動作をあらわす動詞は，以下の箇所にもいくつか出てくる。ここの по＋与格は，行為の加えられる対象をあらわす。例 бараба́нить па́льцами по столу́「机を指でコツコツたたく」。

58　под〘前置〙《対格》「…の伴奏で」。

59　звук〘男〙「音」。

60　тря́ска〘女〙「ゆれ，振動」の単数生格。

61　рессо́ра〘女〙[cc は一文字の с のように発音]「ばね」の複数生格。例 каре́та на рессо́рах「ばね付き四輪旅行馬車」。

62　побря́киванье〘中〙「ときどき・軽くがちゃがちゃ鳴る音」。現在のつづりは побря́кивание < побря́кивать〘不完〙「ときどき・軽くがちゃがちゃ鳴る」。【文法】接頭辞 по- は「ときどき・軽く」というニュアンスを添えている。【19 世紀ロシア語】以下の箇所でも頻出する接尾辞 -ье は，現在では -ие となっているものが多い。

63　стекло́〘中〙「ガラス」の複数生格。

64　сложи́ть〘完〙《対格「…を」》「組む」の副分詞。以下では副分詞が頻出する。【用法】ここの「膝の上で手を(十字に)組む」は，くつろいでいるときのポーズ。

65　закры́ть〘完〙《対格「…を」》「閉じる」の副分詞。

66　сла́бо〘副〙「わずかに，弱々しく」。↔ си́льно「激しく，強く」。

67　пока́чиваться〘不完〙「ときどき・軽く揺れる」。сла́бо と呼応。

68　поду́шка〘女〙「クッション，枕」。

69　заложи́ть〘完〙《対格「…を」》「…のかげ・背後へおく」の被動形容分詞過去。

70　спина́〘女〙「背，背中」。заложи́ть ей поду́шки за́ спину「彼女の背中にクッションを当てる」。前置詞にアクセントがくる。＝ заложи́ть поду́шки за её спи́ну.【19 世紀ロシア語】**多くの場合，заложи́ть ей поду́шки за́ спину のようにまず人物を指し(ей)，つぎにその部位(спину)を示す型が用いられてきたが，заложи́ть поду́шки за её спи́ну 型も 19 世紀に使われていた。20 世紀以降は後者のほうが優勢になってきている。**

71　слегка́〘副〙「かすかに，ちょっと」。

72　намо́рщиться〘完〙「ひたいにしわをよせる」(＝ помо́рщиться)の副分詞。

73　вну́тренно〘副〙「胸の奥で」。現在では вну́тренне が用いられる。

ночно́й че́пчик[76] и голуба́я косы́ночка,[77] завя́занная[78] на не́жной,[79] бле́дной[80] ше́е.[81] Прямо́й[82] ряд,[83] уходя́[84] под че́пчик, разделя́л[85] ру́сые,[86] чрезвыча́йно[87] пло́ские[88] напома́женные[89] во́лосы, и бы́ло что́-то[90] сухо́е,[91] ме́ртвенное[92] в белизне́[93] ко́жи[94] э́того просто́рного[95] ря́да. Вя́лая,[96] не́сколько[97] желтова́тая[98]

て水色の三角巾をかぶっており，三角巾はきゃしゃな青白い首もとで結ばれていた。まっすぐな分け目が，ナイトキャップの下に入りこみ，ポマードを塗った亜麻色のぺしゃんこの髪を分けていたが，その幅広の分け目の皮膚の白さには，萎えた，死人のようなものがあった。しおれた花のような黄ばんだ皮膚は，ほそお

чепе́ц

ночно́й чепе́ц

косы́нка

74　пока́шливать 〚不完〛「ときどき・軽く по +咳をする ка́шлять」。

75　голова́ 〚女〛「頭」。

76　че́пчик 〚男〛は чепе́ц「頭巾風の帽子」の指小語。【補注】上流社会の夫人は家でも身につけていた。【文法】このように性質形容詞（бе́лый）と関係形容詞（ночно́й）が並んでいる場合は，関係形容詞が名詞に近い位置にくることが多い。

77　косы́ночка は косы́нка 〚女〛「首または頭に巻く女性用三角巾」の指小語。

78　завяза́ть 〚完〛《対格「…を」》「結ぶ」の被動形容分詞過去。

79　не́жный 〚形〛「きゃしゃな」。

80　【文法】二つの形容詞（не́жный と бле́дный）が対等にかかっていることを，コンマであらわしている。

81　ше́я 〚女〛「首」。【文法】この文の主語は「白いナイトキャップ」と「きゃしゃな青白い首もとで結ばれていた水色の三角巾」であるが，このような語順の場合，述語はすぐあとの名詞とのみ性と数を一致させることが多い。【補注】当時の上流社会ではおしゃれで首のまわりに巻くこともあったものの，この場面では「首または頭に巻く女性用三角巾」はナイトキャップの後ろ半分あたりを被うように結ばれていたものと思われる。

82　прямо́й 〚形〛「まっすぐな」。

83　ряд 〚男〛「髪の分け目」。【用法】一般には пробо́р 〚男〛が使われる。прямо́й ряд「中分け」。真ん中から分けるのではなく七三分けの場合は косо́й (боково́й) ряд / пробо́р.

84　уходи́ть 〚不完〛「延びている，広がっている」の副分詞。

85　разделя́ть 〚不完〛《対格「…を」》「分ける」＝ дели́ть.

86　ру́сый 〚形〛「亜麻色の」。

87　чрезвыча́йно 〚副〛「極端に」。

88　пло́ский 〚形〛「平べったい」。

89　напома́дить 〚完〛《旧》《対格「…に」》「ポマードを塗る」の被動形容分詞過去。ここでは形容詞化して「ポマードを塗った」という意味で用いられている。【補注】髪にポマードを塗るのは当時の習慣。

90　что́-то 〚不定代〛「何か」。

91　сухо́й 〚形〛「なえた，しなびた」。

92　ме́ртвенный 〚形〛「死人 мертве́ц のような」。【文法】что́-то にかかる形容詞は，このあとに長語尾中性形で続くのがふつう。

93　белизна́ 〚女〛「白い色，白さ」＜ бе́лый 〚形〛「白い」。

94　ко́жа 〚女〛「皮膚」。

95　просто́рный 〚形〛【用法】「広い，ゆったりした」を髪の分け目の描写に使うのは，特異な例ではなかろうか。もちろん，それゆえに夫人の病状の重さが伝わるのだが。

96　вя́лый 〚形〛「しおれた」。

97　не́сколько 〚副〛「いくらか，多少」。

98　желтова́тый ＜ жёлтый 〚形〛「黄色い」。-оватый で「…がかった，…気味の」。не́сколько に呼応。【用法】「馬から落馬する」のような表現であるが，ロシア語は ма́ленький до́мик「小さな家」（до́мик「小さな家」）や немно́го поговори́ть「少し話す」

кóжа неплóтно[99] обтя́гивала[100] тóнкие[101] и краси́-
вые очертáния[102] лицá и краснéлась[103] на щекáх[104] и
скýлах.[105] Гýбы[106] бы́ли сýхи и неспокóйны,[107] рéд-
кие[108] ресни́цы[109] не курчáвились,[110] и дорóжный[111]
сукóнный[112] капóт[113] дéлал[114] прямы́е склáдки[115] на
впáлой[116] груди́. Несмотря́ на то, что[117] глазá бы́ли
закры́ты,[118] лицó госпожи́ выражáло[119] устáлость,[120]
раздражéнье[121] и привы́чное[122] страдáнье.[123]

Лакéй,[124] облокоти́вшись[125] на своё крéсло, дрé-

もての美しい顔立ちにたるみをつくっており，頬と頬骨のあたりで
赤らんでいた。唇はうるおいを欠き，不安げで，まばらなまつ毛は
力なく垂れ，ラシャ製の旅行用部屋着はへこんだ胸にまっすぐな襞
をつくっていた。眼はとじていたものの，夫人の顔には疲労やいら
だち，慢性の苦痛が浮かんでいた。

　召使いは御者台で自分の椅子に肘をついてまどろんでいた。一方，

スヴェルチコフ《旅路の女
地主》，1855。御者台でまど
ろむ人物が描かれている。

（поговори́ть「少し話す」）といった重複表現をよく使う。

99　неплóтно〚副〛「密でなく，たるんだ状態で」。

100　обтя́гивать〚不完〛《対格「…を」》「ぴったり包む」。

101　тóнкий〚形〛「ほそおもての，品のよい」。

102　очерта́ние〚中〛「輪郭」。この例のように複数で使われることが多い。

103　красне́ться〚不完〛「赤みがさす，紅潮する」。【用法】красне́ться は，この意味では красне́ть と類義語だが，ややぼやけた感じをあらわすことがある。

104　щека́〚女〛「頬」の複数前置格。

105　скула́〚女〛「頬骨」の複数前置格。

106　губа́〚女〛「唇」。

107　неспокóйный〚形〛「不安な，落ち着きのない」。【文法】述語に形容詞が連続するときは，長語尾だけか（このように）短語尾だけに統一する。

108　рéдкий〚形〛「まばらな」。

109　ресни́цы〚(ふつう)複〛「まつ毛」。

110　курча́виться〚不完〛「小さくカールする，ちぢれて小さな輪になる」。

111　дорóжный〚形〛「旅行 дорóга 用の」。

112　сукóнный〚形〛「ラシャ сукнó の」。

капóт

113　капóт〚男〛「ゆったりした婦人用部屋着」。ここでは「旅行用のラシャの上っ張り」。

114　дéлать〚不完〛《対格「…を」》「つくる」。

115　скла́дка〚女〛「たるみ，しわ，折り目」。

116　впа́лый〚形〛「落ちくぼんだ」。

117　несмотря́ на то, что...「…にもかかわらず」。

118　закры́ть〚完〛《対格「…を」》「閉じる」の被動形容分詞過去の短語尾形。

119　выража́ть〚不完〛《対格「…を」》「表現する」。

120　уста́лость〚女〛「疲労」。

121　раздраже́нье〚中〛「苛立ち」= раздраже́ние.

122　привы́чный〚形〛「慣れた」。

123　страда́нье〚中〛「(精神的・肉体的) 苦痛」= страда́ние.【文法】уста́лость, раздраже́нье и привы́чное страда́нье のような同種成分の列挙において，最後の語（句）の前にもコンマがおかれ，接続詞 и がおかれていない場合は，さらに同種成分が続きうるといったニュアンスが伴う。

124　лакéй〚男〛「召使い」。

125　облокоти́ться〚完〛「ひじ лóкоть をつく」の副分詞。【用法】「ひじ掛け椅子にすわる」は сесть в крéсло だが，以前は前置詞が на の例もあった（また，ひとつの椅子を指して複数形 крéсла も多用された）。ただしここでは，御者台の肘掛けの上に肘 лóкоть をついているので на крéсло となっている。

мáл[126] на кóзлах,[127] почтóвый[128] ямщи́к,[129] покри́ки-
вая[130] бóйко,[131] гнал[132] крýпную[133] пóтную[134] четвёр-
ку,[135] и́зредка[136] оглядываясь[137] на другóго ямщика́,
покри́кивавшего[138] сзáди[139] в коляске.[140] Параллéль-
ные[141] широ́кие[142] следы́[143] шин[144] рóвно[145] и ши́бко[146]
стла́лись[147] по известкóвой[148] гря́зи[149] доро́ги. Не́бо
бы́ло сéро и хóлодно, сыра́я[150] мгла[151] сы́палась[152] на
поля́ и доро́гу. В каре́те бы́ло дýшно[153] и па́хло[154]

駅逓馬車の御者はときおり威勢よくどなりながら大柄な汗だくの四
頭の馬を駆りたてては，うしろの半幌馬車でときおりどなっていた
もうひとりの御者を，ちらちら振り返っていた。車輪の二条の平行
した幅広い跡が，道の石灰混じりの泥の上にまっすぐくっきりと伸
びていた。空は灰色に曇り，寒々としており，しめった靄が野原や
道に降りかかっていた。ばね付き四輪馬車のなかはむっとしており，

126　дрема́ть〚不完〛「うとうとする，まどろむ」。

127　ко́зли〚複〛「御者台」の前置格。

128　почто́вый〚形〛「駅逓 по́чта の」。

129　ямщи́к〚男〛「御者」。

130　покри́кивать〚不完〛「ときどき по ＋叫ぶ・大声をあげる крича́ть」の副分詞。

131　бо́йко〚副〛《口語》「威勢よく，活発に」。

132　гнать〚不完・定〛《対格「…を」》「勢いよく走らせる」。

133　кру́пный〚形〛「体格の大きい」。

134　по́тный〚形〛「汗 пот だらけの」。

135　четвёрка〚女〛「馬の四頭立て」。【用法】дво́йка「二頭立て」，тро́йка「三頭立て」。学校での 5 点満点の成績にも使われる。

136　и́зредка〚副〛「ときおり」＝ иногда́.

137　огля́дываться〚不完〛「ふり返って見る」の副分詞。

138　покри́кивать〚不完〛の能動形容分詞過去。

139　сза́ди〚副〛「後方で」↔ впереди́「前方で」。

140　коля́ска〚女〛「四輪の半幌馬車」。幌をあげたりおろしたりできる。【用法】сади́ться / сесть в каре́ту，сади́ться / сесть в коля́ску，сади́ться / сесть в / на теле́гу「四輪荷馬車に乗る（有蓋も無蓋もあり）」，сади́ться / сесть на лине́йку「大型四輪無蓋馬車に乗る」。通常，前置詞は有蓋なら в，無蓋なら на が用いられる。

141　паралле́льный〚形〛「平行の」。

142　широ́кий〚形〛「幅の広い」。

143　след〚男〛「跡，轍」。

144　ши́на〚女〛「(馬車などの車輪の) 輪金，鉄輪」の複数生格。

145　ро́вно〚副〛「まっすぐに，平らに」。

146　ши́бко〚副〛《俗語》ここでは「深く，くっきりと」。

147　стла́ться〚不完〛《1・2 人称なし》「(表面を) おおう，広がる」。

148　известко́вый〚形〛「石灰混じりの」。

149　грязь〚女〛「ぬかるみ，泥」。【補注】「石灰」は礫石として使われていた。

150　сыро́й〚形〛「湿った，湿気を含んだ」。

151　мгла〚女〛「もや」。тума́н「霧」より濃い状態を指すことが多い。

коля́ска

152　сы́паться〚不完〛「ふりかかる」。

153　ду́шно〚無人称文の述語〛「息苦しい」。

154　па́хнуть〚不完〛《造格「…の」》「匂いがする」。過去形は пах / па́хнул, па́хла...。ここでは無人称動詞として用いられている。

одеколо́ном[155] и пы́лью.[156] Больна́я потяну́ла[157] наза́д[158] го́лову и ме́дленно откры́ла глаза́. Больши́е глаза́ бы́ли блестя́щи[159] и прекра́сного[160] тёмного цве́та.[161]

— Опя́ть,[162] — сказа́ла она́, нерви́чески[163] отта́лкивая[164] краси́вой худоща́вой[165] руко́й коне́ц[166] сало́па[167] го́рничной, чу́ть-чу́ть[168] прикаса́вшийся[169] к её ноге́, и рот её боле́зненно[170] изогну́лся.[171] Матрёша[172] подобрала́[173] обе́ими[174] рука́ми сало́п, приподняла́сь[175] на си́льных[176] нога́х и се́ла да́льше.[177] Све́жее[178] лицо́ её покры́лось[179] я́рким[180] румя́нцем.[181] Прекра́сные тёмные глаза́ больно́й

сало́п

オーデコロンとほこりの匂いがしていた。病人は頭をそらして，ゆっくりと眼をひらいた。大きな瞳はきらきら輝いており，とても美しく黒かった。

「まただわ」と病人は，足もとにほんのちょっと触れただけの小間使いの長外套の端を，美しいやせぎすの手で神経質にはねのけながら，言った。口もとが病的に歪んだ。マトリョーシャは両手で長外套をもちあげ，たくましい足でちょっと腰をあげ，少し離れて腰をおろした。そのすこやかな顔はくっきりと紅潮した。病人の美しい黒い瞳は，小間使いの一挙手一投足をむさぼるように追っていた。

155 одеколо́н 〚男〛「オーデコロン」。

156 пыль 〚女〛「埃，塵」。

157 потяну́ть 〚完〛《対格「…を」》「のばす」。

158 наза́д 〚副〛「後ろへ」 ↔ вперёд「前へ」。

159 блестя́щий 〚形〛「きらきら光る」 < блесте́ть 〚不完〛「輝く」の能動形容分詞現在が形容詞化。【用法】能動形容分詞現在が形容詞化した -щий 型が述語として用いられるときは，短語尾がふつう。

160 прекра́сный 〚形〛「非常に美しい」。

161 цвет 〚男〛「色」。【用法】Глаза́ бы́ли прекра́сного тёмного цве́та. (= Глаза́ бы́ли прекра́сные и тёмные.) のように生格を使う名詞が数語ある。例 Он высо́кого ро́ста.「かれは背が高い」（= Он высо́кий.）。

162 【用法】「再び，また」という意味では опя́ть や сно́ва が使われるが，感情的評価を伴い不満や腹立ちをあらわすときには，もっぱら опя́ть が使われる。Опя́ть телефо́н!「また，電話か！」

163 нерви́чески 〚副〛「神経質に，いらいらして」= не́рвно.

164 отта́лкивать 〚不完〛《対格「…を」》「押しのける」の副分詞。

165 худоща́вый 〚形〛「やせた，やせぎすの」。【文法】краси́вой худоща́вой руко́й は「道具・手段」の造格。

166 коне́ц 〚男〛「端」。

167 сало́п 〚男〛「長外套」の生格。

168 чу́ть-чу́ть 〚副〛「ほんのわずか，ちょっぴり」。

169 прикаса́ться 〚不完〛《к + 与格「…に」》「軽く при- + 触れる каса́ться」の能動形容分詞過去「触れていた」。4 語前の коне́ц「端」〚男〛を修飾している。

170 боле́зненно 〚副〛「病的に，異常に」。

171 изогну́ться 〚完〛「（唇などが）ゆがむ」。

172 【用法】Матрёша は，Матро́на の民衆的表現である Матрёна の愛称語としてよく使われる。

173 подобра́ть 〚完〛《対格「…を」》「（垂れているものを）もちあげる，からげる」。

174 о́бе 〚集合数詞〛「両方の，双方の」の造格。男性名詞・中性名詞があとにくるときは о́ба。後ろに名詞を伴わずに о́ба/о́бе だけで「両方・双方の者」という意味の名詞としても用いられる。【文法】обе́ими рука́ми は「道具・手段」の造格。

175 приподня́ться 〚完〛「ちょっと при- + 腰をあげる подня́ться」。

176 си́льный 〚形〛「強い」。на си́льных нога́х「たくましい足で（支えて）」。

177 да́льше は далеко́「遠く」〚副〛の比較級。

178 све́жий 〚形〛「すがすがしい」。све́жее лицо́ = здоро́вое лицо́.

179 покры́ться 〚完〛《造格「…で」》「（表面が）一杯になる」。

180 я́ркий 〚形〛「鮮やかな」。

181 румя́нец 〚男〛「赤み」。

жа́дно[182] следи́ли за движе́ниями[183] го́рничной. Го-
спожа́ упёрлась[184] обе́ими рука́ми о сиде́нье[185] и та́к-
же[186] хоте́ла приподня́ться, чтоб[187] подсе́сть вы́ше;[188]
но си́лы[189] отказа́ли[190] ей. Рот её изогну́лся, и всё
лицо́ её искази́лось[191] выраже́нием[192] бесси́льной,[193]
злой[194] иро́нии.[195] — Хоть бы[196] ты помогла́[197] мне!..
Ах![198] не ну́жно! Я сама́[199] могу́, то́лько[200] не кла-
ди́[201] за[202] меня́ свои́ каки́е-то[203] мешки́,[204] сде́лай
ми́лость!..[205] Да уж не тро́гай[206] лу́чше,[207] ко́ли[208] ты
не уме́ешь![209] — Госпожа́ закры́ла глаза́ и, сно́ва
бы́стро подня́в[210] ве́ки,[211] взгляну́ла на го́рничную.
Матрёша, гля́дя[212] на неё, куса́ла[213] ни́жнюю[214] кра́с-

夫人は両手で座席に寄り掛かった。小間使いとおなじようにちょっ
と腰を浮かして，もう少し深く掛けなおそうとしたのである。しか
し力がおよばなかった。口もとはゆがみ，顔じゅうが捌け口のない
意地悪な皮肉の表情でひきつった。「手伝ってくれたらいいのに！
……ああ！　もういいわ！　自分でできます。ただ，わたしの上に
袋かなんだかをおくのだけはやめてちょうだい，おねがいだから！
……それに，できっこないんだったら，いっそかまわないでちょ
うだい」……夫人は眼を閉じたが，またすばやく眉をあげると，小
間使いをちらっと見た。マトリョーシャは夫人をながめながら，赤

182　жа́дно 〖副〗「むさぼるように」。

183　движе́ние 〖中〗「体の動き」。ここの複数形は「一挙手一投足」を意味している。

184　упере́ться 〖完〗《造格「…で」о + 対格「…に」》「寄りかかる」（過去形 упёрся, упёрлась...）。

185　сиде́нье 〖中〗「座席」。

186　та́кже 〖副〗「同様に，…もまた」= то́же.

187　чтоб 〖接〗= чтобы（目的を示す不定形を伴い）「…するために」。чтобы に比べて「口語的」と記している文献もある。

188　подсе́сть 〖完〗「そばに・わきへすわる」。подсе́сть вы́ше「より高いところに近づき，すわる（もうすこし深くすわる）」。

189　си́ла 〖女〗「力」。「体力」という意味では複数がふつう。

190　отказа́ть 〖完〗《与格「…に」в + 前置格「…を」》「拒否する」。

191　искази́ться 〖完〗《造 / от + 生「…ゆえに」》「（顔などが）ゆがむ」。

192　выраже́ние 〖中〗「表情」。

193　бесси́льный 〖形〗「無力な」。

194　злой 〖形〗「意地悪な」。

195　иро́ния 〖女〗「皮肉，嫌味」。

196　хоть бы「…してくれないかな，せめて…でも」《口語》。述語動詞は過去形。

197　помо́чь 〖完〗《与格「…を」》「手伝う，助ける」。

198　ах 〖間〗憤慨を示す。Ах! не ну́жно!「ああ！　その必要はないわ！」

199　сам 〖定代名詞〗「自分一人で」。

200　то́лько 〖接〗「ただし，だが」。

201　клади́ < класть 〖不完〗《対格「…を」》「置く」の命令形（現在形 кладу́, кладёшь...）。
【文法】не+ 命令形の場合，目的語は「否定の生格」にはならず対格のままのことが多い。

202　за 〖前置〗《対格》「…の背後に」。

203　како́й-то 〖不定代〗「何か…のようなもの・ひどいもの」。

204　мешо́к 〖男〗「袋」。ここでは доро́жный мешо́к「旅行用ザック」を指している。

205　ми́лость 〖女〗「慈悲」。例 сде́лай ми́лость「（皮肉に）お願いだから」。

206　тро́гать 〖不完〗《口語》《対格「…に」》「かまう，干渉する」。

207　《лу́чше + 命令形》「いっそ…するほうがいい」。да は補足の意「それにまた」。уж は頼み・主張の強意「ほんとうにもう」。

208　ко́ли 〖接〗《口語・俗語》= е́сли. 現在ではあまり用いない。

209　【用法】мочь も уме́ть も「できる」という意味で用いられるが，前者は「状況や体力等によりできる」，後者は「技能・技量があってできる」ことを示すことが多い。

210　подня́ть 〖完〗《対格「…を」》「上げる」の副分詞。

211　ве́ко 〖中〗「まぶた」の複数対格。【用法】подня́ть ве́ки「まぶたを上げる」は，不満などのためコミュニケーションを拒んでいた目を相手のほうに上げ，関心を示す動作。

212　гляде́ть 〖不完〗《на + 対格「…を」》「見る」の副分詞。смотре́ть に比し口語的。

213　куса́ть 〖不完〗《対格「…を」》「咬む」。

214　ни́жний 〖形〗《軟変化》「下の」。【用法】下唇を咬むのは，いまいましさ，くやしさを

ную губу́. Тяжёлый[215] вздох[216] подня́лся[217] из груди́ больно́й, но вздох, не ко́нчившись,[218] преврати́лся[219] в ка́шель.[220] Она́ отверну́лась,[221] смо́рщилась[222] и обе́ими рука́ми схвати́лась[223] за грудь. Когда́ ка́шель прошёл, она́ сно́ва закры́ла глаза́ и продолжа́ла[224] сиде́ть[225] неподви́жно. Каре́та и коля́ска въе́хали в дере́вню.[226] Матрёша вы́сунула[227] то́лстую ру́ку из-под платка́[228] и перекрести́лась.[229]

— Что э́то? — спроси́ла госпожа́.[230]

— Ста́нция,[231] суда́рыня.[232]

— Что[233] ж ты кре́стишься, я спра́шиваю?[234]

— Це́рковь,[235] суда́рыня.

Больна́я поверну́лась[236] к окну́ и ста́ла[237] ме́д-

い下唇を咬んでいた。苦しげな吐息が病人の胸からもれかかったが、出きらないうちに咳に変わった。彼女は向きを変え、顔をしかめ、両手で胸をかきいだいた。咳がやむと、彼女はまたも眼を閉じ、じっと動かずにいた。ばね付き四輪馬車と半幌馬車は村に乗り入れた。マトリョーシャはふとい腕をショールの下から差し出して、十字をきった。

「それはなんなの」夫人がたずねた。

「駅でございます、奥様」

「いったいなぜ十字をきっているのか、たずねてるのよ」

「教会でございます、奥様」

　病人は窓のほうへ顔を向けた。ばね付き四輪馬車がかたわらを通

あらわす。泣きたいのをこらえている。

215 тяжёлый 〚形〛「苦し気な」。

216 вздох 〚男〛「ため息，深い呼吸」。

217 подня́ться 〚完〛「起こる」。

218 ко́нчиться 〚完〛「終わる」の副分詞。

219 преврати́ться 〚完〛《в＋対格「…に」》「変わる」。

220 ка́шель 〚男〛「咳」。

221 отверну́ться 〚完〛「顔をそむける」。

222 смо́рщиться 〚完〛「顔をしかめる」。

223 схвати́ться 〚完〛《за＋対格「…を」》「ひっつかむ」。

224 продолжа́ть 〚不完〛「続ける」。

225 сиде́ть 〚不完〛「すわっている」ではなく，「じっとしている」。неподви́жно 〚副〛「じっと動かずに」と呼応。

226 дере́вня 〚女〛「村」。【用法】дере́вня は село́ よりは規模が小さく，このシーンとは異なり域内には教会が存在しないことが多かった。なお，以前は го́род「都会，都市」との対照では село́「田舎」が用いられたが，現在では дере́вня が用いられることが多い。

227 вы́сунуть 〚完〛《対格「…を」》「突き出す」。

228 【用法】плато́к には「スカーフ，ショール，ネッカチーフ」や「ハンカチ」といった意味があるが，ここでは，前出の ковро́вый плато́к を指している。

229 крести́ться 〚不完〛，перекрести́ться 〚完〛「十字 крест を切る」。【補注】ギリシア正教では，上から下，次に右から左に十字を切る。対面の人に切ってあげるときは左から右。

230 【用法】すでに сказа́ла「…と言った」は出てきたが（24頁），**台詞のあとの「…と言った・たずねた・答えた」その他は，述語＋主語という語順がふつうで，長めの台詞でないかぎり完了体の過去形がくる。**

231 ста́нция 〚女〛「宿駅，宿場」。

232 суда́рыня 〚女〛「奥様」。су́дарь「旦那様」の女性形。＝ госпожа́.【19世紀ロシア語】**上流社会での呼びかけとして用いられていた。**

233 что 〚副〛＝ почему́.【用法】この短篇では強調の ж や же がよく用いられている。「いったい」。

234 спра́шивать 〚不完〛《対格「…に」》「たずねる，質問する」。

235 це́рковь 〚女〛「教会（の建物）」。

236 поверну́ться 〚完〛「（くるりと）向きを変える」。

237 стать 〚完〛＋不完了体動詞不定形「…しはじめる」。【用法】接頭辞 за- で「…しはじめる」を示す запла́кать「泣き出す」型とちがい，当人の意思で「…しはじめる」ことをあらわし主語は活動名詞がふつうとの説明もあるが，この短篇ではそうでないケースも出てくる。

ленно крести́ться, гля́дя во все́ больши́е глаза́[238] на
большу́ю дереве́нскую[239] це́рковь, кото́рую объез-
жа́ла[240] каре́та больно́й.

Каре́та и коля́ска вме́сте[241] останови́лись[242] у[243]
ста́нции. Из коля́ски вы́шли муж больно́й же́нщи-
ны и до́ктор и подошли́ к каре́те.

— Как вы себя́ чу́вствуете? — спроси́л до́ктор,
щу́пая[244] пульс.[245]

— Ну, как ты, мой друг,[246] не уста́ла?[247] — спроси́л
муж по-францу́зски,[248] — не хо́чешь ли вы́йти?[249]

Матрёша, подобра́в[250] узелки́,[251] жа́лась в у́гол,[252]

り過ぎていく村の大きな教会を，大きな眼をいっぱいに開いてなが
めながら，ゆっくりと十字を切った。

　ばね付き四輪馬車と半幌馬車は駅逓わきに同時にとまった。半幌
馬車から病気の女性の夫と医者が降りて，ばね付き四輪馬車に近づ
いた。

「ご気分はいかがですかな」医者は脈をとりながらたずねた。

「どうだい，具合のほうは。疲れやしなかったかい」と，夫はフラ
ンス語でたずねた。「外に出たくないかい」

　マトリョーシャは包みをかき集め，話のじゃまにならないよう，

238　во все больши́е глаза́「大きな眼を一杯に見開いて」。例 во весь го́лос「声を限りに」。

239　дереве́нский〚形〛「村の」。

240　объезжа́ть〚不完〛《対格「…の脇を」》「走る」。= проезжа́ть ми́мо.

241　вме́сте〚副〛「同時に」。

242　останови́ться〚完〛「止まる，停車する」。

243　【用法】前置詞 у, о́коло, во́зле, ря́дом は「…の近くに」という意味で用いられるが，у は「すぐそば，ま近」（「宿駅の前で」）といったニュアンスをもつ。о́коло と во́зле は「近く」の意味で同義語として使われるが，во́зле は口語的ニュアンスをもつ。また，ря́дом《с ＋造格》は，二つの相異なる対象が隣接していることを強調することもできる。【補注】荷物や人を駅から駅へと送り継ぐ駅逓は，世界的におこなわれた通信交通制度であった。広くヨーロッパで用いられた交通手段であり，ロシア帝国時代，馬を交替させる駅逓馬車駅が主要道路沿いに 15 キロから 30 キロ間隔に設置されていた。

ста́нция「駅逓，宿駅」

244　щу́пать〚不完〛《対格「…を」》「手探りをする」の副分詞。

245　пульс〚男〛「脈」。

246　Ну, как ты, мой друг「どうだい，おまえ？」。ну は動作への誘い・呼びかけ・催促などを示し，文頭におかれる。【用法】мой друг（＝ друг мой）は，男女のいかんにかかわらず同年配や年下の友人，身内，親しいひとなどへの呼びかけとして用いる。19 世紀には男性からの呼びかけにも女性からの呼びかけにも広く用いられた。

247　【用法】не уста́ла? の не は，相手が疲れていることへの懸念をあらわしている。望ましいことではないが十分にありうることを前提にしている。

248　【19 世紀ロシア語】19 世紀のロシアの上流社会ではフランス語が使用される機会が多かった。トルストイは，ロシア人がフランス語を話している場面にフランス語をそのまま導入していることがまれではない。ただしこの箇所では，作者が「翻訳」したかたちになっている。

249　【用法】не хо́чешь ли вы́йти の не は，ていねいな提案を示している。

250　подобра́ть〚完〛《対格「…を」》「散らかっているものを拾い上げる」の副分詞。

251　узело́к は у́зел〚男〛「包み」の指小語。

252　жа́ться〚不完〛「ちぢこまる，へばりつく」。ここでの意味は「隅にへばりつく」。

чтоб не меша́ть[253] разгова́ривать.[254]

— Ничего́,[255] то же са́мое, — отвеча́ла[256] больна́я. — Я не вы́йду. Муж, постоя́в[257] немно́го, вошёл в станцио́нный[258] дом. Матрёша, вы́скочив[259] из каре́ты, на цы́почках[260] побежа́ла по гря́зи[261] в воро́та.[262]

— Ко́ли мне пло́хо,[263] э́то не резо́н,[264] что́бы вам не за́втракать,[265] — слегка́ улыба́ясь,[266] сказа́ла больна́я до́ктору, кото́рый стоя́л у окна́.

«Никому́ им до меня́ де́ла нет,[267] — приба́вила[268] она́ про себя́,[269] как то́лько[270] до́ктор, ти́хим ша́гом[271] отойдя́[272] от неё, ры́сью[273] взбежа́л[274] на ступе́ни[275] ста́нции. — Им хорошо́, так и[276] всё рав-

---

隅にへばりついた。

「まあまあですわ，変わりありません」と病人は答えた。「わたし外に出ません」夫はしばらくたたずんでいたが，駅舎のなかにはいっていった。マトリョーシャは馬車から跳びおりると，爪先立ちでぬかるみの上を門のなかへと駆けこんだ。

「わたしが具合が悪いからといって，それはお昼を召しあがらない理由にはなりませんわ」とちょっと笑みを浮かべながら病人は，馬車の窓のそばに立っていた医者に言った。

《あの人たちの誰もわたしのことなどどうでもいいんだわ》医者がそーっと病人から離れたあと，駅の階段に速足で駆け上ったとたん，夫人は心のなかで言いそえた。《あの人たちは元気だから，どうで

жа́ться в углу́ だと「隅で縮こまる」。

253 　меша́ть〖不完〗「妨げる」。

254 　разгова́ривать〖不完〗「話をする」。

255 　ничего́〖無人称文の述語〗《口語》「かなり良い」= непло́хо.【用法】半ばジョークで言っている。ここでの то же са́мое は ничего́ но́вого と同じ意味「なにも変わったことはない」。

256 　отвеча́ть〖完〗「答える」。【19世紀ロシア語】отвеча́ть は現在では不完了体としてのみ用いられるが，19世紀には完了体としても（特に過去時制では）用いられた。ただし完了体としては（18世紀末以降は）отве́тить も存在していた。

257 　постоя́ть〖完〗「しばらく・ちょっと по +立っている」の副分詞。немно́го と呼応。

258 　станцио́нный〖形〗「宿駅の」。

259 　вы́скочить〖完〗「飛びだす」の副分詞。

260 　на цы́почках「つま先立ちで」。

261 　по гря́зи「泥の上を」。【補注】秋はぬかるみだらけであった。

262 　воро́та〖複〗「門」。в воро́та「門のなかへ，門を通って」。すなわち，馬車は駅逓の庭の外に停められている。в = через.

263 　【用法】ここの пло́хо は「気分が悪い」ではなく「体調・体の具合が悪い」。6行下の Им хорошо́ の хорошо́ も，気分ではなく体調・体の具合をあらわしている。

264 　резо́н〖男〗「理由，わけ」《口語》。フランス語からきた外来語。【用法】э́то не резо́н, что́бы ... < ce n'e pas une raison, pour...「だからといって…というわけにはいかない（という理由にはならない）」。【19世紀ロシア語】18世紀末から19世紀初頭にフランス語からの外来語がふえる。

265 　за́втракать〖不完〗「軽い昼食をとる」。за́втрак「朝食」，「軽い昼食」。

266 　улыба́ться〖不完〗「ほほえむ」の副分詞。

267 　与格「誰々には」нет де́ла「関係がない」。до《生格》は動作・関心・欲求の対象をあらわす。例 Мне нет де́ла до э́того.「わたしにはそれはどうでもいいことだ」。никому́ им = никому́ из них.

268 　приба́вить〖完〗《対格・生格「…「を」》「付け足す」。

269 　про себя́「心のなかで，声に出さず」↔ вслух「声に出して」。

270 　как то́лько「…するやいなや」。

271 　【文法】ти́хим ша́гом「ゆっくりとした歩みで」は「様態」の造格。

272 　отойдя́ < отойти́〖完〗「離れる」の副動詞。【文法】移動の動詞のなかには，完了体副分詞が -в ではなく（不完了体副分詞のように）-я の形態をとるものがあるので要注意。完了体なので взбежа́л「駆け上がった」に先行して完了した動作をあらわしている。

273 　ры́сью〖副〗《口語》「小走りで」。

274 　взбежа́ть〖完〗「駆け上がる」。

275 　ступе́нь〖女〗「(階段・梯子などの) 段」。

276 　так и「そんなしだいで」。

но.[277] О![278] бо́же мой![279]»

— Ну что,[280] Эдуа́рд Ива́нович, — сказа́л муж, встреча́я[281] до́ктора и с весёлой[282] улы́бкой[283] потира́я[284] ру́ки, — я веле́л[285] погребе́ц[286] принести́,[287] вы как ду́маете насчёт э́того?[288]

— Мо́жно,[289] — отвеча́л до́к-тор.

— Ну, что она́?[290] — со вздо́-хом[291] спроси́л муж, понижа́я[292] го́лос и поднима́я[293] бро́ви.[294]

погребе́ц

— Я говори́л: она́ не может дое́хать не то́лько до Ита́лии, — до Москвы́ дай бог.[295] Осо́бенно[296] по э́той пого́де.[297]

— Так[298] что ж де́лать? Ах,[299] бо́же мой! бо́же мой!

もいいんだわ。まったくもう》

「で，どうですかな，エドゥアルド・イワノヴィチ」。夫は医者を出迎えながら，あかるくほほえみ手をこすりあわせつつ，言った。「食器櫃をもってくるよう命じておきました。いかがでしょうな」

「悪くないですね」と医者は答えた。

「で，妻はどんな具合でしょう？」と夫は，声をひそめ，眉をつりあげながら，ため息まじりにたずねた。

「申しあげたとおりです。イタリアまで行き着けないどころか，モスクワだって神様しだいです。とくにこんな天気では」

「それならいったいどうすればいいんです。ああ，なんということ

34

277　всё равно́「どうでもよい」

278　o〘間〙強い感情（驚き，怒り，喜び，悲しみ等々）の「ああ，おお」。

279　【用法】бо́же は бог〘男〙「神」の呼格だが，ここでは「ああ，神様」という呼びか
けではなく，бо́же мой! という決まり文句のつもりであろう。「ああ，あれまあ，やれやれ」。
今日では広く用いられているこの表現は当初は，19世紀のペテルブルグの貴族社会でフラ
ンス語の Mon Dieu! をロシア語化して用いていた。なお，呼格は現在のロシア語には存在
しないが，神に関係する語には呼格が残っており（Бо́же ← Бог「神」，Го́споди ← Госпо́дь
「主」，Христе́ ← Христо́с「キリスト」，О́тче ← Оте́ц「神父」，Иису́се ← Иису́с「イエス」，
Влады́ко ← Влады́ка「大主教」），呼びかけとして使われるものがある。最初の文字が大文字
で表記されるのが一般的。

280　ну что「で，どうですか」。相手の注意を引こうとする。この箇所ではまだ妻の容態は
聞いていない。

281　встреча́ть〘不完〙《対格「…を」》「出迎える」の副分詞。

282　весёлый〘形〙「陽気な，あかるい」。

283　улы́бка〘女〙「ほほ笑み」。

284　потира́ть〘不完〙《対格「…「を」》「ときどきこする」の副分詞。【用法】потира́ть
ру́ки「両手をこすり合わせる」。「しめしめ，うまくいった」というような満足感，期待感，
美味しいものを食べるまえ，呑むまえにとくによくする動作。

285　веле́ть〘不完・完〙《過去形は完了体のみ》《与格「…に」不定形「…するよう」》「命
じる」。

286　погребе́ц〘男〙「旅行用小櫃」。

287　принести́〘完〙《対格「…を」》「もってくる」。

288　《насчёт＋生格》〘口語〙「…に関して」。

289　мо́жно〘無人称文の述語〙＝ не грех「…するのも悪くない」。【用法】「許可」や「可能」
ではなく「同意・準備万端」をあらわしている。

290　【文法】что〘疑問代名詞〙は述語として「どんな具合・状態」の意味でも使われる。
「ところで，彼女はどんな具合ですか」。

291　【文法】今日では 1）特定の子音連続 со вздо́хом，2）весь, вся́кий の変化形，3）мной
があとにきた場合，с ではなく со が用いられる。だがこのあとの例では，これらの条件下で
も с が使われているケースが見られる。

292　понижа́ть〘不完〙《対格「…を」》「低める」の副分詞。

293　поднима́ть〘不完〙《対格「…を」》「上げる」の副分詞。

294　бровь〘女〙「眉」。【用法】поднима́ть бро́ви「眉を上げる」。たずねる身振りのひとつ。

295　дай бог 祈願「…でありますように」。【用法】この文章全体はかなり省略された表現
になっており，意味は「イタリアに行けないだけでなく не то́лько，モスクワまで行けるとし
たら，神のおかげです」。

296　осо́бенно〘副〙「特に」。

297　《по＋与格》「…の時に」。現在はこの意味では用いない。

298　так〘接〙「それなら，その場合は」。

299　ax〘間〙「ああ」悲哀の叫び。

— Муж закры́л глаза́ руко́ю.[300] — Пода́й[301] сюда́, — приба́вил он челове́ку,[302] вноси́вшему[303] погребе́ц.

— Остава́ться[304] на́до бы́ло, — пожа́в плеча́ми,[305] отвеча́л до́ктор.

— Да[306] скажи́те, что же я мог сде́лать? — возрази́л[307] муж,— ведь[308] я употреби́л[309] всё, что́бы удержа́ть[310] её, я говори́л и о сре́дствах,[311] и о де́тях, кото́рых мы должны́ оста́вить,[312] и[313] о мои́х дела́х,[314] — она́ ничего́ слы́шать не хо́чет. Она́ де́лает пла́ны[315] о жи́зни за грани́цей,[316] как бы здоро́вая.[317] А сказа́ть ей о её положе́нии[318] — ведь[319] э́то зна́чило[320] бы уби́ть[321] её.

— Да[322] она́ уже́ уби́та,[323] вам на́до знать э́то, Ва-

だ」夫は片手で眼をおおった。「こっちへもってこい」とかれは食器櫃をもちこんできた召使いに言いそえた。

「残るべきでした」と，肩をすくめ，医者は答えた。

「じゃあ，いったいなにがわたしにできたというのか，おっしゃってくださいよ」夫は言いかえした。「だって，わたしは妻を思いとどまらせるためになんでもやってのけたのですよ。お金のことも，残していかねばならない子どもたちのことも，わたしの仕事のことも話したんです。……妻はなにひとつ聞き入れようとはしません。健康なひとさながら外国生活の計画を立てている始末です。とはいえ，容態を本人に知らせたりすれば，妻を殺すようなものです」

「奥さんはすでに死んだも同然です。このことを承知しておくべき

300 закры́ть 〚完〛《対格「…を」》「おおう」。【用法】手で眼をおおうのは，絶望，苦悩，精神的苦痛の身振り。【文法】руко́ю = руко́й は「道具・手段」の造格。この時期のロシア語では，-a (-я) 型の女性名詞単数造格は -ой (-ей) と -ою (-ею) が用いられていた。後者は主として文語や詩で使用されたが，ニュアンスの違いがない場合も多い。

301 пода́ть 〚完〛《対格「(何かをもってきて) …に」》「出す，指し出す」の命令形。

302 челове́к 〚男〛ここでは「人間」ではなく，「召使いラケイ」(御者台でうとうとしていた人物)。

303 вноси́ть 〚不完〛《対格「…を」》「運びこむ」の能動形容分詞過去。

304 остава́ться 〚不完〛「残る，とどまる」。〚完〛は оста́ться。

305 пожа́ть 〚完〛《対格「…を」》「握る」の副分詞。【用法】пожа́ть плеча́ми「肩をすくめる」は奇妙なこと，奇妙な言動にたいする驚き，いぶかしさをあらわす身振り。

306 要求・命令を強調する да。

307 возрази́ть 〚完〛「反論する」。

308 ведь 〚助詞〛「だって…ではないか」。

309 употреби́ть 〚完〛《対格「…を」》「行使する，駆使する」。

310 удержа́ть 〚完〛《対格「…を」》「引きとめる」。

311 сре́дство 〚中〛「金，資金」。この意味ではこのように複数形しか使わない。

312 оста́вить 〚完〛《対格「…を」》「置いてくる，置き去る」。

313 【用法】и..., и...「…も，…も」。

314 де́ло 〚中〛「仕事」。この意味では複数形しか使わない。

315 план 〚男〛「計画，プログラム」。【用法】このように個人的な行動プログラムを意味している場合は複数形がよく使われる。Каки́е у вас пла́ны на о́тпуск?「どのような休暇計画をおもちですか」。

316 грани́ца 〚女〛「境界」。за грани́цей「外国で，外国における」。「外国へ」は за грани́цу。

317 здоро́вая 〚女〛《形容詞変化》「健康なひと」↔ больна́я「病人」。

318 положе́ние 〚中〛「容態」。

319 ведь は強調。

320 зна́чить 〚不完〛「意味する」。

321 уби́ть 〚完〛《対格「…を」》「殺す」。

322 この да は，文の先頭において文全体の意味を強めている。

323 уби́ть 〚完〛の被動形容分詞過去の短語尾形で，述語として用いられている。【用法】夫が言った уби́ть という言葉を受けて，その被動形容分詞過去「殺されている」を使っているが，病気のせいで「死んでいる」という意味では通常は用いない。

си́лий Дми́трич.[324] Челове́к не мо́жет жить, когда́ у него́ нет лёгких,[325] и лёгкие опя́ть вы́рости[326] не мо́гут. Гру́стно,[327] тяжело́,[328] но что ж де́лать?[329] На́ше и ва́ше де́ло[330] то́лько в том, что́бы[331] коне́ц её был сколь возмо́жно[332] споко́ен.[333] Тут[334] духовни́к[335] ну́жен.

— Ах, бо́же мой! Да вы пойми́те[336] моё положе́ние,[337] напомина́я[338] ей о после́дней[339] во́ле.[340] Пусть бу́дет, что бу́дет,[341] а я не скажу́ ей э́того.[342] Ведь вы зна́ете, как она́ добра́[343]...

— Всё-таки[344] попро́буйте[345] уговори́ть[346] её оста́ться до зи́мнего пути́,[347] — сказа́л до́ктор, значи́тельно[348] пока́чивая[349] голово́й,— а то[350] доро́гой[351]

です，ワシリー・ドミートリチ。ひとは肺なしでは生きられません。そして，肺は再生不可能なのです。悲しく，つらいことですが，どうしようもありません。私どもとあなたがすべきは，あのひとの最期ができるかぎり安らかであるようにすることだけなのです。いま必要なのは聴悔司祭なのです」

「ああ，なんということだ。言い残すことはないかなどと妻に言うときのわたしの立場もわかってください。なるようにしかならないでしょうが，わたしにはそんなことを妻に言うことはできません。だってご存知でしょう，妻がどれほどやさしいか……」

「それでもやはり，冬になって橇道が固まるまでとどまるよう，奥様を説得してみてください」医者は，意味ありげに軽く首を横に振

324 【用法】Дми́триевич が縮まって発音されている。**父称は会話においては縮めて発音されることが多い。**

325 лёгкие 〚複〛《形容詞変化》「肺」。

326 вы́рости 〚完〛「生えてくる」＝ вы́расти.

327 гру́стно 〚無人称文の述語〛「悲しい」。

328 тяжело́ 〚無人称文の述語〛「つらい」。

329 что ж де́лать?「仕方がない」。この意味では疑問符でなく感嘆符のことが多い。

330 【用法】на́ше и ва́ше де́ло. 通常は на́ше с ва́ми де́ло.「わたしとあなたの二人がまさになすべき・できること」。

331 【用法】де́ло в том, что「こと・問題は…にある」という表現は，事実ではなく課題や希望をあらわすときには де́ло в том, что́бы ＋過去時制を用いる。

332 сколь возмо́жно「できるかぎり」＝ наско́лько возмо́жно.

333 споко́йный 〚形〛「安らかな」。

334 тут 〚副〛「この場合，この段階では」。

335 духовни́к 〚男〛「聴悔司祭」（告白を聴き，指導をあたえる）。

336 пойми́те は поня́ть 〚完〛「理解する」の命令形（現在形 пойму́, поймёшь...）。【文法】**命令文に人称代名詞 вы をそえて，懇望，説得を強調している。**да は文全体を強調。

337 положе́ние 〚中〛「立場」。

338 напомина́ть 〚不完〛《о ＋前「…を」》「思いださせる」の副動詞。

339 после́дний 〚形〛《軟変化》「最後の」。

340 во́ля 〚女〛「意向」。【19世紀ロシア語】**напомина́я ей о после́дней во́ле**「彼女に遺言を催促するとき」。副分詞があらわしている動作の主体が曖昧になってしまっている。その後のトルストイの作品にも少なからず見られるこの統語論は，19世紀初頭の標準語の名残りとする見方がある。ただしここでは，フランス語法の反映ともとれる。

341 пусть бу́дет, что бу́дет「なるがままにまかせよ。なるようにしかならない」。

342 【文法】《не ＋完了体現在》で不可能を示す。強い否定の場合，目的語は生格（э́того）になりやすい。

343 до́брый 〚形〛「やさしい，気立てのいい」。【文法】**как との組み合わせでは，述語の形容詞は短語尾形を使う。**

344 всё-таки 〚接〛「それでもやはり」。

345 попро́бовать 〚完〛「試みる」。【用法】стара́ться「努力する」や стреми́ться「めざす」に比し，попро́бовать ＋不定形は成功の望みがさほど大きくない場合に使うことが多い。

346 уговори́ть 〚完〛《対格「…を」不定形「…するように」》「説得する」。

347 путь 〚男〛「道」。【補注】春や秋のぬかるみや轍だらけの道で移動するよりも，冬のほうが雪が固まって，とくに（馬が引く）橇で旅行がしやすくなる。

348 значи́тельно 〚副〛「意味ありげに」。

349 пока́чивать 〚不完〛《造格「…を」》「軽く по ＋振る」の副分詞。【用法】значи́тельно пока́чивая голово́й. 否定・反対の身振り。

350 а то「さもないと」。

351 доро́гой 〚副〛「途中で」。

мо́жет быть ху́до[352]...

— Аксю́ша, а Аксю́ша![353] — визжа́ла[354] смотри́тельская[355] дочь, наки́нув[356] на го́лову кацаве́йку[357] и топча́сь[358] на гря́зном[359] за́днем крыльце́,[360] — пойдём ши́ркин-скую[361] ба́рыню посмо́трим,[362] говоря́т,[363] от грудно́й[364] боле́зни[365] за грани́цу везу́т. Я никогда́ ещё не вида́ла,[366] каки́е в чахо́тке быва́ют.[367]

кацаве́йка

Аксю́ша вы́скочила на поро́г,[368] и о́бе, схвати́в-

りながら言った。「さもないと，道中で悪化しかねません……」

「アクシューシャ，アクシューシャったら！」と，駅長の娘が短い上着を頭からひっかけて，泥だらけの裏玄関階段で足をばたばたさせながら，きゃあきゃあ叫んでいた。「シルキノの奥様を見に行こうよ。胸の病で外国へ運ばれていくところだってさぁ。肺病やみってどんなのか，見たことないもん」

アクシューシャが戸口に跳びだしてくると，ふたりは手に手を取

352　ху́до〚無人称文の述語〛「病気の具合が悪い」。比較級は ху́же。

353　Аксю́ша は Акси́нья（標準語では Ксе́ния, 口語では Ксе́нья）の愛称語。【用法】а は, 呼びかけで「ねえ, なあ」（相手の注意を促すため繰り返してよびかけるとき）。

354　визжа́ть〚不完〛「きゃあきゃあ叫ぶ」。

355　смотри́тельский〚形〛「駅長の」。

356　наки́нуть〚完〛「羽織る」の副分詞。

357　кацаве́йка〚女〛《俗語》ここでは「農民の女性用短上着」。【補注】トルストイ『ポリクーシカ』には,「自分の頭の上に, わが家では毛布にもなれば, 毛皮外套にもなり, 夜帽にもなれば, 敷きものにもなり, ポリケイの外套にもなれば, その他どんな役にでも立っている, 黄緑色の婦人の胴着…」（中村白葉訳）とある。貴族も身にまとっていた。

кацаве́йка

358　топта́ться〚不完〛「足踏みする」の副分詞（現在形 топчу́сь, то́пчешься...）。

359　гря́зный〚形〛「泥まみれの, きたない」。

360　крыльцо́〚中〛「階段付きの張り出し玄関」。за́днее крыльцо́「裏口」。

крыльцо́

361　ши́ркинский〚形〛「Ши́ркино の」。【補注】夫妻は Ши́ркино 村の地主。

362　【用法】移動の動詞＋不定形で「…するために移動する」をあらわすが, **口語では不定形の代わりに, 移動の動詞と人称・時制を一致させた文もよく使われる。**以下にも頻出。

363　говоря́т〚挿入語〛「…だそうだ, …と言われている」。

364　грудно́й〚形〛「胸の」。

365　боле́знь〚女〛「病気」。от грудно́й боле́зни「胸の病のせいで」。

366　вида́ть〚不完〛《口語》《対格〈…を〉》「見る, 会う」＝ви́деть.【用法】この意味では вида́ть は не を伴うことが多い。никогда́ ещё не вида́ла「一度もまだ見たことがない」。

367　чахо́тка〚女〛「肺病」＝туберкулёз лёгких. 現在ではあまり用いない。 каки́е в чахо́тке быва́ют「肺病にかかっているひとが（一般に）どういうものか」。

368　поро́г〚男〛「敷居, 戸口」。

шись за́ руки,[369] побежа́ли за воро́та. Уме́ньшив[370] шаг,[371] они́ прошли́ ми́мо каре́ты и загляну́ли[372] в опу́щенное[373] окно́. Больна́я поверну́ла[374] к ним го́лову, но, заме́тив[375] их любопы́тство,[376] нахму́рилась[377] и отверну́лась.

— Мм-а́-тушки![378] — сказа́ла смотри́тельская дочь, бы́стро обора́чивая[379] го́лову. — Кака́я была́ краса́вица[380] чу́дная,[381] ны́нче[382] что ста́ло?[383] Стра́шно[384] да́же. Ви́дела, ви́дела, Аксю́ша?

— Да, кака́я худа́я! — подда́кивала[385] Аксю́ша.
— Пойдём ещё посмо́трим, бу́дто[386] к коло́дцу.[387] Вишь,[388] отверну́лась, а я ещё[389] ви́дела. Как жа́лко,[390] Ма́ша.[391]

って門の外へ駆けだした。ふたりは歩幅を小さくして，ばね付き四輪馬車の脇をすりぬけ，おろされた窓のなかをのぞきこんだ。病人はふたりのほうに頭を向けたが，その好奇心に気づくと，まゆをひそめ，顔をそむけた。

「あれ，まあ！」と駅長の娘は，すばやく頭を向けなおしながら言った。「あんなに美しいひとだったのに，それがいまやどうだろ！おそろしいくらい。見た，見た，アクシューシャ？」

「うん。あんなにやせてるなんて！」とアクシューシャは相槌をうった。「また見に行こうよ。井戸に向かうふりしてさぁ。ほら，そっぽをむいてしまったよ。けどあたいにはもう一度見えた。ほんとかわいそう，マーシャ」

369 схвати́ться 〚完〛《за ＋ 対「…を」》「つかむ，握る」の副分詞。за́ руки のようにアクセントは за にくる。

370 уме́ньшить 〚完〛《対格「…を」》「縮小する，減らす」の副分詞。

371 шаг 〚男〛「歩み」。

372 загляну́ть 〚完〛「のぞく」。загляну́ть в окно́ は，「窓の中を覗きこむ」にも「窓から外をのぞく」にも使える。

373 опусти́ть 〚完〛《対格「…を」》「降ろす」の被動形容分詞過去。

374 поверну́ть 〚完〛《対格「…を」》「向ける」。前出の поверну́ться は「自分の体の位置を変える」。

375 заме́тить 〚完〛《対格「…に」》「気づく」の副分詞。

376 любопы́тство 〚中〛「好奇心」。

377 нахму́риться 〚完〛「まゆをひそめる」。

378 ма́тушки! 《口語》「おやまあ！　こりゃ驚いた」＝ ма́тушки мои́!【用法】ма́тушки (мои́)! は ба́тюшки мои́! と同義だが，前者は女性が好んで使う傾向がある。また，後者に比し粗野なニュアンスを伴う。

379 обора́чивать 〚不完〛《俗語》《対格「…を」》「（ある方向に）向ける」の副分詞。

380 краса́вица 〚女〛「美人」。

381 чу́дный 〚形〛「とても美しい」。【用法】краса́вица чу́дная の形容詞の後置は特徴を強調。

382 ны́нче 〚副〛《口語》「いま」。ны́нче что ста́ло「いまや，何が起こったのか」【補注】娘のこうした言葉からすると，シルキノ村はこの駅逓からそう遠くないのかもしれない。とすると，旅もまだ最初の段階か。

383 стать 〚完〛《口語》「生じる，起こる」。

384 стра́шно 〚無人称文の述語〛「おそろしい」。

385 подда́кивать 〚不完〛《口語》「相づちを（何度か）打つ」。

386 бу́дто 〚接〛「あたかも…のように」。

387 коло́дец 〚男〛「井戸」。

388 вишь 〚助詞〛＝ ви́дишь「ほら，見ろ」（ひとに注意を促す，驚きを示す）。

389 ещё 〚副〛「ふたたび」。

390 жа́лко 〚無人称文の述語〛「かわいそうだ」。

391 Ма́ша は Мари́на ないし Мари́я（Ма́рья）の愛称語。

— Да и[392] грязь же какая! — отвечала Маша, и обе побежали назад в ворота.

«Видно,[393] я страшна стала,[394] — думала больная. — Только бы[395] поскорей,[396] поскорей за границу, там я скоро поправлюсь[397]».

— Что,[398] как ты, мой друг? — сказал муж, подходя[399] к карете и прожёвывая[400] кусок.[401]

«Всё один и тот же вопрос,[402] — подумала больная,— а сам[403] ест![404]»

— Ничего! — пропустила[405] она сквозь зубы.[406]

— Знаешь ли,[407] мой друг, я боюсь,[408] тебе хуже будет от дороги[409] в эту погоду, и Эдуард Иваныч

「おまけに，なんてぬかるみ！」マーシャは答え，ふたりは門のなかへ駆けもどった。

《きっと，恐ろしい形相になっているんだわ》と病人は思うのだった。《少しでも早く，少しでも早く外国へ行きさえすれば，そこですぐに元気になるわ》

「どう，具合はどうだい」と夫は，ばね付き四輪馬車に近づきながら，口の中にのこったものを噛みつつ，言った。

《いつもおなじことばかり聞くんだわ》と病人は思った。《それも食べながらなんだから！》

「まあまあですわ！」と夫人は，口をほとんどあけないで言った。

「ねえ，おまえ。わたしは心配なんだよ，おまえがこんな天気の旅行のせいで具合が悪くなりはしまいかと。エドゥアルド・イワノヴィチ

392 да и「そのうえ，それにまた」。

393 ви́дно〖挿入語〗《口語》「きっと」。

394 стра́шный〖形〗「おそろしい」。【19世紀ロシア語】Я страшна́ ста́ла「ひどく醜くなった」＝ Я ста́ла стра́шной. 今日では長語尾形の造格（口語では主格も）がふつう。

395 то́лько бы「…でさえあれば」。

396 《по ＋ 比較級》は「もうすこし…，なるべく…」。【用法】скоре́й は ско́рый の比較級 скоре́е の口語形。**口語では語尾 -ee が -ей になることが多い。**

397 попра́виться〖完〗「健康を回復する，天候がよくなる」。

398 что〖疑問代名詞〗「どんな具合？」。

399 подходи́ть〖不完〗「近づく」の副分詞。

400 прожёвывать〖不完〗《対格「…を」》「かみこなす」の副分詞。

401 кусо́к〖男〗「一切れ，一片」。

402 всё〖副〗「いつも」。оди́н и тот же「おなじ」＝ тот же.

403 【用法】**а сам** は前の文の行為との同時性・平行性をあらわす（「…しながら」）。ここでは感嘆符と組み合わさって「そのくせ…しているんだから！」。

404 есть〖不完〗《対格「…を」》「食べる」（現在形 ем, ешь, ест, еди́м, еди́те, едя́т）。

405 пропусти́ть〖完〗《口語》「（口をほとんど開けないで）言う」。

406 зуб〖男〗「歯」。пропусти́ла сквозь зу́бы「口をほとんど開けないで言った」。【用法】сквозь зу́бы は軽蔑・不満・いらだち・無視をあらわしているときにも使う。

407 зна́ешь ли〖挿入語〗「（相手の注意を引く）ねえ」。ли なしでも使う。

408 боя́ться〖不完〗「危惧する，心配する」。

409 от доро́ги「旅行のせいで」。

то же[410] говори́т. Не верну́ться ли нам?[411]

Она́ серди́то[412] молча́ла.[413]

— Пого́да попра́вится, мо́жет быть,[414] путь уста-
но́вится,[415] и тебе́ бы лу́чше ста́ло; мы бы и[416] пое́-
хали все вме́сте.[417]

— Извини́ меня́.[418] Е́жели[419] бы я давно́ тебя́ не
слу́шала,[420] я бы была́ тепе́рь в Берли́не и была́ бы
совсе́м здоро́ва.

— Что ж де́лать, мой а́нгел,[421] невозмо́жно[422]
бы́ло, ты зна́ешь. А тепе́рь,[423] е́жели бы ты оста́лась
на ме́сяц,[424] ты бы сла́вно[425] попра́вилась; я бы ко́н-
чил дела́, и дете́й бы мы взя́ли...[426]

もそう言っているし。わたしたちは引き返したほうがよくないかい」
　夫人はむっとして口をきかなかった。
「天気がよくなれば，もしかすると，道もかたまるかもしれん，そ
しておまえもよくなってるだろうに。そしたらわたしたちはみんな
でいっしょに出かけるんだ」
「それはだめ。もしわたしがあなたのいうことをとっくに聞かずに
いたら，いまごろはベルリンにいて，すっかり元気になっていたで
しょうに」
「どうしようもないじゃないか，できなかったんだ，そうだろ。だ
けどいまは，もしおまえが一月とどまったなら，すっかり回復する
だろうし，わたしも仕事を片づけ，子どもたちをわたしたちは連れ
て行けるだろうに……」

410 то же「おなじこと，同様のこと」。

411 верну́ться〚完〛「帰る」。【用法】不定法文で「…すべき」。主体は与格であらわす。

412 серди́то〚副〛「腹立たしそうに，むっとして」。

413 молча́ть〚不完〛「黙っている」。

414 мо́жет быть〚挿入語〛「もしかしたら」。

415 установи́ться〚完〛《1・2 人称なし》「定まる，確立する」。путь устано́вится「（冬の）道も固まるだろう」。【補注】橇で旅行しやすくなるということ。

416 【文法】и は前の文 тебе́ бы лу́чше ста́ло「きみももっとよく元気になっているだろう」を受け，「そこで，そうして」。

417 вме́сте〚副〛「いっしょに」。

418 извини́ меня́「それは御免こうむりたい」。【用法】反対・抗議・異議をあらわす。

419 е́жели〚接〛「もしも」= е́сли。【19 世紀ロシア語】е́сли は 19 世紀前半には使われはじめていたが，е́жели も使用が減る傾向にあったもののまだ規範的とみなされていた。プーシキンは е́сли を好んで使っているが，トルストイは е́жели をよく用いた。また，前出の ко́ли は口語的ニュアンスを伴っていた。

420 слу́шать〚不完〛《対格「…の」》「言うことを聴く，従う」。

421 【19 世紀ロシア語】мой а́нгел はフランス語の mon ange の借用翻訳語。а́нгел мой とも言う。同年配か年下の親しい人，愛する人に向かっての呼びかけ。女性や子どもに向かって使うことが多い。貴族社会では親類や身近なひとにたいして（とくに男性から女性に向かって）使われた。

422 невозмо́жно〚無人称文の述語〛「不可能である」。

423 тепе́рь〚副〛「今や」。【用法】進行中の「今」は тепе́рь や сейча́с で表現されるが，過去との対照の「今」はもっぱら тепе́рь が用いられる。

424 на ме́сяц「一カ月」。【文法】《на ＋対格》で，これからの期間・時間をあらわす。час「一時」，год「一年」といったように，数詞としての оди́н は添えないのが一般的。

425 сла́вно〚副〛「すばらしく」。

426 взять〚完〛「連れていく」。

— Де́ти здоро́вы, а я нет.[427]

— Да ведь[428] пойми́, мой друг, что с э́той пого́-дой,[429] е́жели тебе́ сде́лается[430] ху́же доро́гой... тог-да́, по кра́йней ме́ре,[431] до́ма.

— Что ж, что до́ма?..[432] Умере́ть[433] до́ма? — вспы́ль-чиво[434] отвеча́ла больна́я. Но сло́во *умере́ть*, ви́ди-мо,[435] испуга́ло[436] её, она́ умоля́юще[437] и вопроси́-тельно[438] посмотре́ла на му́жа. Он опусти́л глаза́[439] и молча́л. Рот больно́й вдруг де́тски[440] изогну́лся, и слёзы[441] полили́сь[442] из её глаз. Муж закры́л лицо́ платко́м[443] и мо́лча[444] отошёл от каре́ты.

— Нет, я пое́ду, — сказа́ла больна́я, подняла́ глаза́ к не́бу, сложи́ла ру́ки[445] и ста́ла шепта́ть[446] несвя́з-

「子どもたちは元気だけど，わたしはそうじゃありません」
「でも，どうかわかっておくれ，この天候じゃ，もしおまえの具合が途中で悪化したりすれば……そのとき，少なくとも，家なら」
「家ならって，どう言うこと？　家で死ぬっていうこと？」病人はかっとなって答えた。けれども，「死ぬ」という言葉が，どうやら，自身をぎくっとさせたらしく，夫人はすがるように，いぶかしげに夫のほうを見た。夫は眼をふせ，黙っていた。病人の口元は不意に子どものように歪み，目から涙が流れだした。夫は顔をハンカチでおさえ，だまったままばね付き四輪馬車から離れた。
「いいえ，私は行きます」病人はこう言って，空を見あげ，手を組み，とりとめのない言葉をささやきだした……「ああ神様，いっ

427 нет〚助詞〛既述の述語を否定する意味で「そうではない」。

428 да ведь 相手の言うことに反対を示す。「そうはいってもやはり」。

429 с э́той пого́дой「こうした天候のときに」。

430 сде́латься〚完・無人称動詞〛「なる」。

431 по кра́йней ме́ре「少なくとも」。

432 【用法】この что ж は，あとにくる疑問文の意味を強めている。「『家で』って，どういうつもりで言っているの」。

433 умере́ть〚完〛「死ぬ」。

434 вспы́льчиво〚副〛「かっとなって」。

435 ви́димо〚挿入語〛「みたところ…らしい，おそらく」。

436 испуга́ть〚完〛《対格「…を」》「おどかす」。

437 умоля́юще〚副〛「哀願するように」。

438 вопроси́тельно〚副〛「物問いたげに」。

439 опусти́л глаза́ 【用法】相手の視線を避け，眼と眼の接触を避ける。

440 де́тски〚副〛「子どものように」＝ по-де́тски.【文法】副詞＋形容詞ではなく，この文のように副詞＋動詞（де́тски изогну́лся「子どもっぽくゆがんだ，べそをかいた」）の場合は по-де́тски を用いることが多い。

441 слеза́〚女〛「涙」。

442 поли́ться〚完〛「流れ出す」。

443 【文法】платко́м は「道具・手段」の造格。

444 мо́лча〚副〛「沈黙して」。

445 сложи́ть ру́ки「（両手のひらを合わせ）指をくむ」。【用法】この場合は祈りの身振り。

446 шепта́ть〚不完〛《対格「…を」》「ささやく，つぶやく」。

ные[447] слова́. — Бо́же мой! за что́ же?[448] — говори́ла она́, и слёзы лили́сь[449] сильне́е.[450] Она́ до́лго[451] и горячо́[452] моли́лась,[453] но в груди́ так же[454] бы́ло бо́льно и те́сно,[455] в не́бе, в поля́х и по доро́ге бы́ло так же се́ро и па́смурно,[456] и та же[457] осе́нняя мгла, ни ча́ще,[458] ни ре́же,[459] а всё так же[460] сы́палась[461] на грязь доро́ги, на кры́ши,[462] на каре́ту и на тулу́пы[463] ямщико́в, кото́рые, перегова́риваясь[464] си́льными,[465] весёлыми голоса́ми, ма́зали[466] и закла́дывали[467] каре́ту...

たいなんのせいで？」と彼女は語り，涙がますます激しく流れるのだった。夫人は長いこと熱心に祈っていたが，胸は依然として痛み，息苦しかった。空や野原，道も依然として曇ったままでどんよりとしており，秋の靄も依然として濃くも薄くもならずかかり，依然として道のぬかるみや屋根，ばね付き四輪馬車，御者たちの皮衣の上に舞い降りつづけていた。御者たちは力強いほがらかな声で言葉を交わしながら，馬車に油をさしたり，馬をつけていた……

447 несвя́зный 〚形〛「支離滅裂の，とりとめのない」。

448 за что же? 「いったい何故に」。

449 ли́ться 〚不完〛「とめどなく流れる」。

450 сильне́е は си́льно 〚副〛「強く，激しく」の比較級。

451 до́лго 〚副〛「長く」。

452 горячо́ 〚副〛「熱烈に」。

453 моли́ться 〚不完〛「祈る」。

454 так же「同様に，相変わらず」。

455 в груди́ так же бы́ло бо́льно и те́сно「胸はやはり痛み，息苦しかった」。 胸の（なかの）状態。

456 се́ро и па́смурно「曇って，どんより」していたのは，空や野原や道の空気。бо́льно「痛い」，те́сно「息苦しい」，се́ро「どんよりしている」，па́смурно「曇っている」は，いずれも無人称文の述語。

457 тот же「同じ」。

458 ча́ще は ча́сто 〚副〛「ひんぱんに，密に」の比較級。

459 ре́же は ре́дко 〚副〛「まばらに」の比較級。

460 всё так же「相変わらずおなじように」。

461 сы́паться 〚不完〛「降る」。

462 кры́ша 〚女〛「屋根」。

463 тулу́п 〚男〛「羊の毛皮で作った襟の大きな毛皮長外套」。毛の部分が裏側になっており，格別暖かい。

тулу́п

464 перегова́риваться 〚不完〛「言葉を交わし合う」の副分詞。

465 си́льный 〚形〛「力強い」。

466 ма́зать 〚不完〛（対格「…に」）「油を塗る・さす」。

467 закла́дывать 〚不完〛（対格「…に」）「（馬車に）馬をつける」。【補注】駅逓で新しい馬に取り換える。

2

Каре́та была́ зало́жена;[468] но ямщи́к ме́шкал.[469] Он зашёл[470] в ямску́ю[471] избу́.[472] В избе́ бы́ло жа́рко, ду́шно, темно́[473] и тяжело́,[474] па́хло жильём,[475] печёным[476] хле́бом, капу́стой и овчи́ной.[477] Не́сколько челове́к[478] ямщико́в бы́ло в го́рнице,[479] куха́рка[480] вози́лась[481] у пе́чи,[482] на печи́ в овчи́нах лежа́л больно́й.[483]

— Дя́дя Хвёдор![484] а дя́дя Хвёдор,— сказа́л моло-

ばね付き四輪馬車には馬がつけられたが，御者はぐずぐずしていた。御者小屋に立ち寄っていたのである。小屋のなかは暑く，むっとして，暗く，息苦しかったが，人の住んでいる気配がし，焼いたパン，キャベツ，羊の毛皮の匂いがしていた。数人の御者が居間にいて，炊事婦が暖炉のそばでせっせと働いており，炉の上には羊の毛皮にくるまって病人が横たわっていた。

皮衣を着て帯に鞭をさした若い御者が，部屋に入りながら，「フ

468 　заложи́ть 〔完〕《対格「…に」》「(馬車に) 馬をつける」の被動形容分詞過去短語尾。「つけられた」。

469 　ме́шкать 〔不完〕《口語》「ぐずぐずする」＝ме́длить.【文法】短い文どうしを接続詞 **но** でつないでいる場合は，セミコロンではなくコンマが一般的（プーシキンはセミコロンを多用）。句読法には作者の個人的特徴も見られる。

470 　зайти́ 〔完〕「立ち寄る」。【文法】зайти́, зае́хать など《за＋移動の動詞》は，本来の目的場所でないところに，途中で・ついでに立ち寄る行為をあらわす。

471 　ямско́й 〔形〕「御者の」。

472 　изба́ 〔女〕「(木造の) 百姓家，その居間」。

473 　темно́ 〔無人称文の述語〕「暗い」。

474 　тяжело́ 〔無人称文の述語〕「むっとする」。

475 　жильё 〔中〕《口語》「住むこと，居住」。па́хнуть 〔不完〕には，「匂う」以外に「気配がする」《口語》という意味もある。

476 　пе́чёный は печь 〔不完〕「(食べ物を) 焼いて調理する」の被動形容分詞過去。【文法】被動形容分詞過去が不完了体から形成される例は稀。ここでは形容詞化して「焼いた」という意味で用いられている。

477 　овчи́на 〔女〕「羊の毛皮」 < овца́ 〔女〕「羊」。【文法】ここの хлеб 〔男〕「パン」，капу́ста 〔女〕「キャベツ」，овчи́на は，集合名詞的に用いられている。

478 　челове́к 〔男〕「(人数の単位の) 人 (にん)」。【文法】この意味のときの複数生格はлюде́й でなく челове́к を用いる。не́сколько 〔不定代〕は 5 以上を指して述語は単数中性がふつう。

479 　го́рница 〔女〕《旧》「居間」。【補注】客間，食堂，寝室を兼ねる。2 階に位置していることもある。炉が備わっている場合とそうでない場合がある。

480 　куха́рка 〔女〕「炊事婦，料理女」。

481 　вози́ться 〔不完〕《口語》「(仕事に) 精をだす」。

482 　【文法】печь 〔女〕「炉，暖炉」（煮物・パン焼きにも使える）の単数生格・与格は пе́чи と печи́の二通りがあり，ロシアのオーディオブックの朗読でも二通りに分

го́рница

かれている。『プーシキン辞典』では печи́。

483 　【補注】в овчи́нах は，ほかの御者たちが脱いだ羊の毛皮を集めて横になり，アルミャーク（外套。注 515）をかぶっている。炉の上は「特等席」で，病人や老人にあてがわれることが多い。

484 　【用法】дя́дя は血縁関係のある「おじ」以外にも，固有名との組み合わせで，かなり年上の男性（同村人，隣人，同僚，遠い親類）に向かって使う。また，固有名との組み合わせなしでも，身近な知り合いの男性への呼びかけとしても使う。【補注】Хвёдор は Фёдор の

до́й па́рень,[485] ямщи́к в тулу́пе и с кнуто́м[486] за по́ясом,[487] входя́[488] в ко́мнату и обраща́ясь[489] к больно́му.

— Ты чаво́,[490] шабала́,[491] Фе́дьку[492] спра́шиваешь?[493] — отозва́лся[494] оди́н из ямщико́в, — вишь, тебя́ в каре́ту ждут.[495]

— Хочу́ сапо́г[496] попроси́ть;[497] свой избил,[498] — отвеча́л па́рень, вски́дывая[499] волоса́ми и оправля́я[500] рукави́цы[501] за по́ясом. — Аль[502] спит?[503] А[504] дя́дя Хвёдор? — повтори́л[505] он, подходя́[506] к пе́чи.

— Чаво́?[507] — послы́шался[508] сла́бый го́лос, и ры́жее[509] худо́е лицо́ нагну́лось[510] с пе́чи. Широ́кая, исхуда́лая и побледне́вшая рука́,[511] покры́тая[512] во

ヴォードルおじき！　よう，フヴョードルおじき！」と病人に呼び
かけた。
「うるせえ野郎だなぁ，なんでフェージカに用があるんだ」御者の
ひとりが応答した。「ほら，おまえが馬車にもどるのをお待ちかね
だぞ」
「長靴をもらいたいんだ。自分のは履きつぶしまったんで」髪をか
きあげ，帯の手袋を差し直しながら，若者は答えた。「もしかして
眠ってるのか，ああ，フヴョードルおじきよぅ？」と，若者は炉に
近づきながら繰り返した。
「なんだい」と弱々しい声が聞こえ，赤茶けてやせこけた顔が炉の
上から垂れ下がった。大きくてやせやせの血色のない，毛むくじゃ
らの手が，汚らしい下着をまとった尖った肩にアルミャークを引っ

方言・俗語。本来のロシア語には ф ではじまる語は存在せず，このような置き換えが見られることがあった。【用法】以下につづく御者小屋での会話では，トルストイが文学作品としての枠内で手を加えた民衆特有の言葉遣いが用いられている。

485　па́рень〚男〛「若者」。【用法】1917 年のロシア革命前は，独身の若い農夫や，下層階級の若者を指した。ここでは，馬車を走らせてきた御者を指している。

486　кнут〚男〛「鞭」。

487　по́яс〚男〛「帯」。この《за +造格》は「…の背後に（差しいれる）」。

488　входи́ть〚不完〛「（中へ）入る」の副分詞。

489　обраща́ться〚不完〛《к +与「…に」》「話しかける，呼びかける」の副分詞。

490　чаво́〚副〛《俗語》= чего́《口語》。「なぜ，どうして」。

491　шабала́〚女〛《俗語，罵って》男性に向かって「おしゃべり野郎」。

492　Фе́дька は Фёдор の愛称語。愛称語はほかにも Фе́дя，Фе́денька，Федю́ша，Федю́шка などがあり。

493　спра́шивать〚不完〛《対格「…に」》「会見を求める」。

494　отозва́ться〚完〛「応答する」。

495　ждать〚不完〛《生格・対格「…を」》「待つ」。Вишь, тебя́ в каре́ту ждут「ほら，貴様が馬車にくるのを待ってるじゃないか」。【文法】不定人称文。

496　сапоги́〚複〛「長靴，ブーツ」。

497　попроси́ть〚完〛「（通常は，貸してくれと）頼む・乞う」。【用法】сапоги́ は生格になっている。попроси́ть の補語は，具体的な個別のものを指す場合は対格，一般的な場合は生格になる傾向がある。

498　изби́ть〚完〛《俗語》《対格「…を」》「はきつぶす」。

499　вски́дывать〚不完〛《対・造「…を」》「すばやく上にあげる」の副分詞。

500　оправля́ть〚不完〛《対格「…を」》「整える」の副分詞。

501　рукави́цы〚複〛「親指だけ分かれた手袋」。

502　аль〚接〛《俗語》「もしかしたら」= а́ли（= мо́жет быть）.

503　спать〚不完〛「眠る」。

504　а〚間〛呼びかけ「おい，ねえ」。

505　повтори́ть〚完〛《対格「…を」》「くりかえす」。

506　подходи́ть〚不完〛「近づく」の副分詞。

507　ここの чаво́ は что「なんだって？　なんの用か？」の意味。

508　послы́шаться〚完〛「聞こえる」。

509　ры́жий〚形〛「赤黄色の，赤毛の」。

510　нагну́ться〚完〛「前方が下に向かって曲がる」。

511　широ́кая, исхуда́лая и побледне́вшая рука́「大きな，ひどくやせた，青白い手」。побледне́вшая は побледне́ть〚完〛「血色が悪くなる」の能動形容分詞過去。

512　покры́ть〚完〛「被う」の被動形容分詞過去。【文法】волоса́ми は「道具・手段」の造格。

лоса́ми,[513] натя́гивала[514] армя́к[515] на
о́строе[516] плечо́[517] в гря́зной руба́хе.[518]
— Дай испи́ть,[519] брат;[520] ты чаво́?

Па́рень по́дал[521] ко́вшик с водо́й.[522]

— Да что,[523] Фе́дя, — сказа́л он,
перемина́ясь,[524] — тебе́, чай,[525] сапо́г
но́вых не на́до[526] тепе́рь; отда́й[527] мне,
ходи́ть, чай, не бу́дешь.

Больно́й, припа́в[528] уста́лой[529] го-
лово́й к глянцеви́тому[530] ковшу́ и ма-
ка́я[531] ре́дкие отви́сшие[532] усы́[533] в тёмной воде́, сла́бо
и жа́дно пил.[534] Спу́танная[535] борода́ его́ была́ не-

армя́к

張ろうとしていた。「水をくれや，兄弟。なんか用か？」

　若者は水の入った柄杓を手渡した。

「その何かなんだけど，フェージャ」もじもじしながら言った。「お
じきはたぶん新しい長靴はいまじゃいらないだろ。おれにくれない
か，歩くことはたぶんなかろうし」

　病人は，やつれた顔をてかてか光る柄杓に当てて，垂れた薄い口
ひげを黒ずんだ水にひたしながら，勢いはないもののむさぼるよう
に飲んでいた。もつれたあごひげは不潔で，落ちこみどんよりした

513 　この場合の волосы は「体毛」。「髪」ではない。

514 　натя́гивать 〖不完〗《対格「…を」》「引っ張ってかぶる」。

515 　армя́к 〖男〗「アルミャーク（厚ラシャ製すそ長の農民外套）」。

516 　о́стрый 〖形〗「とがった」。

517 　плечо́ 〖中〗「肩」。

518 　руба́ха 〖女〗「シャツ」= руба́шка.

519 　дать ＋不定形「…させる」。испи́ть 〖完〗《俗語》「（ある量を）飲む」。

520 　【用法】なれなれしい，くだけた呼びかけ。通常は同年配や年下の者に向けて使う。

521 　пода́ть 〖完〗《対格「…を」》「差し出す」。

522 　ко́вшик は ковш 〖男〗「ひしゃく」の指小語。金属製と木製があった。【文法】《с ＋造格》で容器のなかの物を示す。【用法】ко́вшик воды́ に比し，水がたっぷり入っているニュアンスを伴う。

ковш

523 　да что「何の用かっていうとな」。

524 　перемина́ться 〖不完〗《口語》「もじもじする」の副分詞。

525 　чай 〖挿入語〗「たぶん（…と私は思う）」《俗語》。今日ではあまり用いない。【補注】ча́ять 〖不完〗「…と思う」の単数一人称現在形 ча́ю の語末の母音【u】が脱落した。例 здра́вствую ＞ здра́вствуй.

526 　на́до 〖無人称文の述語〗《与「…には」対「…が」》「必要である」。【文法】На́до сапоги́. 否定文の場合は生格になる。Не на́до сапо́г.

527 　отда́ть 〖完〗《対格「…を」》「譲る」。

528 　припа́сть 〖完〗《造格「…を」к ＋与格「…に」》「押しつける」の副分詞。実際には，「押しつける」というよりも，顔をあげる元気がなく，ひしゃくに自然と「押しつけている」。

529 　уста́лый 〖形〗「疲れたような」。【用法】ここの уста́лая голова́ は уста́лое лицо́ と同義で「疲れたような顔」。голова́ は首から上の部分を指す。

530 　гля́нцеви́тый 〖形〗「光沢のある，つやのある」= гля́нцевый.

531 　мака́ть 〖不完〗《対格「…を」》「浸す，つける」の副分詞。

532 　отви́снуть 〖完〗「垂れさがる，たるむ」の能動形容分詞過去 = отви́слый.

533 　усы́ 〖複〗「上唇の口髭」。【用法】борода́ 〖女〗「あごひげ，ほおひげ，（あごひげ，ほおひげを合わした）ひげ」，бакенба́рда 〖女〗「ほおひげ」。

534 　пить 〖不完〗「飲む」。

535 　спу́танный 〖形〗「もつれ合った」。

чиста́,[536] впа́лые, ту́склые[537] глаза́ с трудо́м[538] под-
няли́сь на лицо́ па́рня. Отста́в[539] от воды́, он хоте́л
подня́ть ру́ку, чтобы отере́ть[540] мо́крые[541] гу́бы, но
не мог и отёрся[542] о рука́в армяка́. Мо́лча и тяжело́[543]
дыша́[544] но́сом, он смотре́л пря́мо в глаза́ па́рню,[545]
сбира́ясь с си́лами.[546]

— Мо́же,[547] ты кому́[548] пообеща́л[549] уже́,— сказа́л
па́рень,— так да́ром.[550] Гла́вное де́ло,[551] мо́креть[552] на
дворе́,[553] а мне с рабо́той е́хать,[554] я и поду́мал себе:[555]
дай[556] у Фе́дьки сапо́г попрошу́, ему́, чай, не на́до.

眼はやっとのことで若者の顔の高さにあがった。病人は水から口を
はなすと，手をあげて濡れた唇を拭こうとしたが，力かなわず，外
套の袖におしあててぬぐった。病人
は，無言のまま苦しげに鼻で息をし
ながら，力をふりしぼり，若者の眼
をじっとのぞきこんでいた。
「もしかして，誰かにもう約束しち
まってたら」と若者は言った。「そ
れなら，話はなかったことにしてく
れ。なにはともあれ，外はぬかるん
でるのに，俺は仕事に行かないわけ
にゃいかん。で，ふと思いついたん
だ。フェージカに長靴をねだってみ
よう。フェージカなら，たぶん，い

536　нечи́стый〖形〗「汚い」＝гря́зный.【文法】主語が二つ以上の一致定語（спу́танная, его́）をもっている場合の述語形容詞は，短語尾がふつう。

537　ту́склый〖形〗「生気のない，どんよりした」。

538　с трудо́м「やっとのことで」。

539　отста́ть〖完〗《от ＋生「…と」》「離れる」の副分詞。

540　отере́ть〖完〗《対格「…を」》「拭く」（過去形 отёр, отёрла...）＝ обтере́ть.

541　мо́крый〖形〗「濡れた」。

542　отере́ться〖完〗「自分の体（の一部）を拭く」＝ обтере́ться. о〖前置〗《対》「…に押しあてて」。рука́в〖男〗「袖」。

543　тяжело́〖副〗「苦し気に」。

544　дыша́ть〖不完〗「呼吸する，息をする」の副分詞。【文法】но́сом は「道具・手段」の造格。

545　он смотре́л пря́мо в глаза́ па́рню. 注 70 であげたようなタイプの文である。【用法】「人称代名詞がまず人物をあらわし，そのあとで接触の部位を示す」と説明されていることがあるが，この例のように名詞の場合は先に位置するとはかぎらない。

546　сбира́ться〖不完〗《口語》＝ собира́ться の副分詞。現在ではあまり用いない。собира́ться《с ＋造格》「（力・考えなどを）集中する」。

547　мо́же〖挿入語〗「もしかして」《方言》＝ мо́жет.

548　кому́「誰かに」＝ кому́-нибудь.

549　пообеща́ть〖完〗《口語》《与格「…に」不定形「…することを」》「約束する」。

550　так да́ром「それなら，むだなことをいったことになる」，すなわち「いったことを気にしないでくれ」。

551　гла́вное де́ло〖挿入語〗「要するに」。【用法】話し手からすれば筋が通らないように思われることを強調。

552　мо́креть〖女〗《俗語》＝ мо́крядь「雨もようの天気」。現在では用いない。

553　на дворе́「外で，戸外で」＝ на у́лице.【用法】во дворе́ は「中庭で」。

554　мне с рабо́той е́хать「おれは仕事にいかなきゃいかん」。《с ＋造格》は，動作の目的をあらわす。【文法】不定形の е́хать は不可避・義務などをあらわしている。「…ねばならない」。

555　【用法】себе は，動作が勝手におこなわれることを示す。「そこで浮かんできたしだいだ」。この場合の себе は無アクセント。и「そこで」。

556　【用法】この дай は，ある行為にとりかかる自身の決意をあらわしている。「よし，フェージカに長靴を頼んでみよう」。

＊　左ページの絵は，『三つの死』の挿絵として描かれた，プラストフ《若い御者セリョーガとフョードル》，1953。

Мо́же, тебе́ самому́ на́добны,[557] ты скажи́.[558]

В груди́ больно́го что́-то ста́ло перелива́ться[559] и бурча́ть;[560] он перегну́лся[561] и стал дави́ться[562] горловы́м, неразреша́вшимся[563] ка́шлем.

— Уж где на́добны,[564] — неожи́данно[565] серди́то на всю избу́[566] затреща́ла[567] куха́рка,— второ́й ме́сяц с пе́чи не слеза́ет.[568] Вишь, надрыва́ется,[569] да́же у само́й[570] вну́тренность[571] боли́т, как слы́шишь то́лько.[572] Где ему́ сапоги́ на́добны?[573] В но́вых сапога́х хорони́ть[574] не ста́нут.[575] А уж[576] давно́ пора́,[577] прости́ го́споди согреше́нье.[578] Вишь, надрыва́ется.

らないだろう。あるいは自分がいるんだったら，言ってくれよな」

病人の胸のなかで何かがごぼごぼ動き，音を立てはじめた。病人は体を二つに折り，喉のところで咳き切れない咳でむせびだした。「なんで入り用なもんか」不意に，炊事婦が腹を立てて，小屋じゅうに聞こえるような声で早口でまくしたてた。「炉からおりなくなって二カ月めだよ。ほらまた，うめいてるだろ。聞こえてきたとたん，こちらまで腹がきりきり痛みだす始末さ。長靴なんているはずないよ。新しい長靴を履かせて葬むろうとする奴なんていないだろうからね。もうとっくに時期がきてるよ，言いたくはないけど。ほ

557 на́добный 〖形〗《俗語》「必要である」= ну́жный. 現在では用いない。

558 【用法】以下の箇所では，御者や炊事婦が命令形の前に ты を添えているケースが頻出する。代名詞を命令形の前に添えた場合は「厳しさ」，後ろに添えた場合は「和らげ」のニュアンスが伴うと記している文献が多いが，この小説ではそのいずれでもない。また，相手をことさら強調する ты や вы でもなく，念入り・説得のニュアンスを伴った民衆特有の言い回しになっている場合が多い。

559 перелива́ться 〖不完〗「（液体が揺られて）ごぼごぼ動く」。

560 бурча́ть 〖不完〗「ごぼごぼ・どくどく音を立てる」。

561 перегну́ться 〖完〗「身を曲げる，体を半分に折る」。

562 дави́ться 〖不完〗《造格《…で》》「息が詰まりそうになる」。

563 разреша́ться 〖不完〗「（ある結末に）おわる」の能動形容分詞過去に接頭辞 не- がそえられた形が，形容詞として用いられている。горлово́й, неразреша́вшийся ка́шель「喉に詰まったはき切れない咳」。

564 уж где на́добны「どうして必要などあるものか！」。уж где あるいは где уж で「…なんてとんでもない」。

565 неожи́данно 〖副〗「不意に」。

566 на всю избу́「家じゅうに聞こえるように」。【文法】на + 対格で「分量，量的限界」を示す。

567 затреща́ть 〖完〗「早口でまくしたてはじめる」。【文法】треща́ть「早口でまくしたてる」のような，声や音にだすという意味の動詞の前に接頭辞 за が付くと，「…しはじめる」という完了体動詞になることが多い。例 запе́ть「歌いだす」，запла́кать「泣き出す」。

568 слеза́ть 〖不完〗「這い降りる」。〖完〗は слезть（過去形 слез, сле́зла...）。

569 надрыва́ться 〖不完〗「大声でうめく」。

570 у само́й「わたし自身ですら，こちらまで」= у само́й меня́. 男性なら у самого́。

571 вну́тренность 〖女〗は「内臓」という意味なら，ふつう複数形で用いられる。

572 как слы́шишь то́лько「耳にするやいなや」。【用法】ここは一般人称文を用いて，「誰だってそうなる」ことを言わんとしている。

573 ここの где も「…なんてとんでもない」。

574 хорони́ть 〖不完〗《対格《…を》》「葬る」。

575 【用法】**ста́ну, ста́нешь... +不定形は，бу́ду, бу́дешь... +不定形と同様に合成未来形の表現であるとされているが，実際には意志表示が伴っていることも少なくない。したがって主語は人間ないし動物がふつう。ことに否定文の場合は意思表示が出やすい。たとえば**Никто́ не ста́нет э́того есть.「誰もそんなものを食べようとはしないだろう」。ただし，ここの例は不定人称文になっている。「誰だってそんなことはしようとしないだろう」。また，бу́ду, бу́дешь... +不定形も，バスの中で前方に立っている乗客に向かって Вы бу́дете выходи́ть? とたずねるときなどは，「降りるつもりですか」といった意志確認を伴っていることがある。

576 уж 〖副〗「すでに」= уже́.

577 давно́ пора́「とっくにその時期はきている」。

578 прости́ го́споди (согреше́нье)「言いたくはないが」《俗語》。現在では用いない。【用法】きびしい・乱暴な発言の際のおわび。本来は，罪への悔恨や祈りの際の表現。例 прости́,

Либо[579] перевесть[580] его, что ль,[581] в избу в другую,[582] или куда![583] Такие больницы,[584] слышь,[585] в городу[586] есть; а то разве дело[587] — занял[588] весь угол,[589] да и шабаш.[590] Нет тебе простору[591] никакого. А тоже,[592] чистоту[593] спрашивают.[594]

— Эй,[595] Серёга![596] иди садись,[597] господа ждут, — крикнул[598] в[599] дверь[600] почтовый староста.[601]

Серёга хотел уйти, не дождавшись[602] ответа, но больной глазами, во время кашля, давал[603] ему знать, что хочет ответить.[604]

— Ты сапоги возьми,[605] Серёга, — сказал он, по-

らまた，うめいてるだろ。別の家かどこかへ移したほうがいいのかなぁ。ねえ，そんな病院が町にはあるんだよねぇ。だって，はたしてこれがまともなことかい……そっくり一隅占領して。もうたくさんだよ。空いてる場所が全然のこっていない。なのに，きれいにしとけなんてよく言うよ」

「おい，セリョーガ，さあ行って乗れよ，旦那方がお待ちだ」扉ごしに郵便頭が叫んだ。

　セリョーガは，返事を待ちきれず出ていこうとしたが，病人は，答えようとしていることを，咳こみながら眼でもってセリョーガに伝えようとした。

「長靴をもってけ，セリョーガ」病人は咳を抑え，一息入れてから

гóсподи, согрешéнье「神よ，罪をおゆるしください」。

579　лѝбо〚助詞〛= ѝли = рáзве《口語》「はたして…したものだろうか」。

580　перевéсть〚完〛= перевестѝ.【19世紀ロシア語】19 世紀は，今日では -тѝ でおわる動詞不定形が -ть でおわるケースが，（とくに民衆のあいだで）今日よりも多く見られた。過去語幹が -з, -с(нести-несть), д, -т, -б でおわる動詞が中心であった。これらは 19 世紀末には нестѝ 型にほぼ完全に移行した。

581　что ль = что ли. 不確信をあらわす。

582　в избý в другýю = в другýю избý.【19世紀ロシア語】19 世紀までの民衆の口語やフォークロアにはこのような前置詞の反復が見られる。語順は в другýю в избý の場合もある。

583　кудá〚不定代〛「どこかへ」= кудá-нибудь.

584　больнѝца〚女〛「病院」。 такѝе больнѝцы「このような病気を扱う病院」。

585　слышь〚挿入語〛《俗語》「…と言われている，噂では」。

586　в городý《民衆特有の表現》= в гóроде.【19世紀ロシア語】19 世紀には，前者のタイプは今日よりも広く使われていた。例 в домý「家の中で」。

587　а то рáзве дéло「だって，はたしてこれがまともなことだろうか」。

588　занѝть〚完〛《対格「…を」》「占める，占領する」。

589　ýгол〚男〛「一隅」。

590　да и шабáш《俗語》「もうたくさんだ」。

591　простóр〚男〛「さえぎるもののない広大な空間」。ただしここでは прострáнство〚男〛「あいた場所」の意味で用いられている。нет тебé простóру никакóго「いかなる空き場所ものこっていない」。【文法】простóр の生格は простóра と простóру がある。この文章の тебé は，一般人称文であることを示しており，「きみにとって」ではなく「誰にとっても」。

592　а тóже「よくもまあ…，…とはおこがましい」。

593　чистотá〚女〛「清潔，片づいていること」。

594　спрáшивать〚不完〛《対格「…の実行を」》「要求する」。【文法】不定人称文。

595　эй〚間〛「（呼びかけで）おい」。

596　Серёга《俗語》= Серёжа. Сергéй の愛称語。

597　【用法】идѝ садѝсь. 命令形を並置している。идѝ садѝться の口語的表現。同様の表現が以下の箇所で御者たちのことばに出てくる。

598　крѝкнуть〚完・一回〛「叫ぶ」。

599　《в ＋対》「…ごしに，…を通して」。

600　дверь〚女〛「扉，ドア」。

601　стáроста〚男〛「長（ちょう），おさ」。

602　дождáться〚完〛《生「…を」》「待ち受ける」の副分詞。

603　давáть〚不完〛/ дать〚完〛《与格「…に」不定形「…することを」》「させる」（使役）。【文法】глазáми は「道具・手段」の造格。

604　【文法】このタイプの複文で主節と従属節の主語が同一人物の場合は，このように従属節の主語 больнóй / он はふつう省略される。

605　взять〚完〛《対格「…を」》「受け取る」の命令形（現在形 возьмý, возьмёшь...）。

давив[606] кашель и отдохнув[607] немно́го. — То́лько,[608] слышь,[609] ка́мень[610] купи́, как помру́,[611] — хрипя́,[612] приба́вил он.

— Спаси́бо, дя́дя, так[613] я возьму́, а ка́мень, ей-ей,[614] куплю́.

— Вот,[615] ребя́та,[616] слы́шали, — мог вы́говорить[617] ещё больно́й и сно́ва перегну́лся вниз и стал дави́ться.

— Ла́дно,[618] слы́шали, — сказа́л оди́н из ямщико́в. — Иди́, Серёга, сади́сь, а то вон[619] опя́ть ста́роста бежи́т. Ба́рыня, вишь,[620] ши́ркинская больна́я.

Серёга жи́во[621] ски́нул[622] свои́ про́рванные, несоразме́рно[623] больши́е сапоги́ и швырну́л[624] под

言った。「ただなあ，いいか，おれが死んだら墓石を買ってくれや」とぜいぜい言いながら付け加えた。

「ありがとうよ，おじき。じゃもらってくよ。墓石はきっと買うからな」

「おい，みんな，聞いたな」病人はまだこれだけは言えたが，またからだを折りまげて，むせだした。

「わかった，聞いたぞ」御者のひとりが言った。「行って乗れ，セリョーガ，でないとまた頭が駆けてくるぞ。なにせ，ご夫人はシルキノの病人だからなぁ」

セリョーガは穴のあいたぶかぶかの長靴をさっさとぬぎすて，長椅子の下に投げこんだ。フョードルおじきの新品の長靴は足にぴっ

606 подави́ть 〖完〗《対格「…を」》「抑える」の副分詞。

607 отдохну́ть 〖完〗「休む，息抜きをする」の副分詞。

608 то́лько 〖接〗「ただし」。

609 слышь 〖挿入語〗相手の注意を促して「いいか，わかってるな」。

610 ка́мень 〖男〗「墓石」。

611 помере́ть 〖完〗《俗語》「死ぬ」= умере́ть. как = когда́.

612 хрипе́ть 〖不完〗「ぜいぜい言う」の副分詞。

613 так 〖接〗「それでは，それじゃ」。

614 ей-éй 〖間〗《俗語》「ほんとうに，たしかに」= ей-бо́гу.

615 вот 〖助詞〗相手の注意を引く。

616 ребя́та 〖複のみ〗《口語》「（呼びかけとして）みんな」。

617 вы́говорить 〖完〗《対格「…を」》「口に出す」。「かろうじて声にだす」というニュアンスを伴うことがある。

618 ла́дно 〖助詞〗《口語》「わかった，承知した」。

619 вон 〖助詞〗先に言ったことの実例があとにつづく。

620 вишь 〖挿入語〗「いいかい，あのね」。相手の注意を引いて，後続の言葉を強調。

621 жи́во 〖副〗《口語》「てきぱきと，すばやく」= бы́стро.

622 ски́нуть 〖完〗《口語》《対格「…を」》「脱ぐ」= снять.

623 несоразме́рно 〖副〗「不釣り合いに」。

624 швырну́ть 〖完・一回〗《口語》《対格・造格「…を」》「勢いよく・ぞんざいに投げ捨てる」。

65

ла́вку.[625] Но́вые сапоги́ дя́ди Фёдора пришли́сь[626] как раз[627] по нога́м, и Серёга, погля́дывая[628] на них, вы́шел к каре́те.

— Эк сапоги́ ва́жные![629] Дай пома́жу,[630] — сказа́л ямщи́к с пома́зкою[631] в руке́, в то вре́мя как[632] Серёга, влеза́я[633] на ко́злы, подбира́л[634] во́жжи.[635] — Да́ром[636] о́тдал?

— Аль зави́дно,[637] — отвеча́л Серёга, приподнима́ясь[638] и повёртывая[639] о́коло ног по́лы[640] армяка́. — Пуща́й![641] Эх вы,[642] любе́зные![643] — кри́кнул он на лошаде́й, взмахну́в кну́тиком;[644] и каре́та и коля́ска с свои́ми седока́ми,[645] чемода́нами и ва́жами,[646] скрыва́ясь[647] в се́ром осе́ннем тума́не, ши́бко[648] покати́лись[649] по мо́крой доро́ге.

たりで，セリョーガはそれをちらちら見やりながら，ばね付き四輪馬車のほうへ出ていった。

「すごい上物の長靴じゃないか。ちょっと塗らせてくれや」。セリョーガが御者台にのぼりながら手綱を引き締めているときに，刷毛を手にした御者が言った。「ただでくれたのかよ」

「ひょっとしてうらやましいかい」ちょっと腰を浮かし，アルミャークの裾を足に巻きながら，セリョーガは答えた。「さあ，やれ！野郎ども！」鞭をふりあげ，馬たちにどなった。ばね付き四輪馬車も半幌馬車も，客や旅行鞄，大型トランクともども，秋の灰色の霧のなかに姿を消しながら，ぬれた道路をすばやく走りだした。

625　ла́вка〚女〛「(昔のロシアの農家で，壁に作り付けた）寝台兼用の長椅子」。

626　прийти́сь〚完〛《по＋与格「…に」》「(寸法が）合う」。

627　как раз「ちょうど」。

628　погля́дывать〚不完〛《на＋対格「…を」》「ときどき見る」の副分詞。

629　ва́жный〚形〛「質のいい，上物の」。эк〚助詞〛《俗語》＝вот, эх. 驚き，感嘆を示す「なんて…だ」。

630　дай пома́жу＝дай пома́зать「少し塗らせてくれ」。

631　пома́зка〚女〛「塗布用はけ」＝помазо́к.

632　в то вре́мя как…「…しているその時に」。

633　влеза́ть〚不完〛「よじ登る」の副分詞。

634　подбира́ть〚不完〛《対格「…を」》「引き締める」。

635　во́жжи〚複〛「手綱」。

636　да́ром〚副〛《口語》「只で」。

637　зави́дно〚無人称文の述語〛「うらやましい」。

638　приподнима́ться〚不完〛「ちょっと腰をあげる」の副分詞。

639　повёртывать〚不完〛《対格「…を」》「まわす」の副分詞。

640　по́ла〚女〛「(外套などの）裾」。

641　пуща́й〚助詞〛《方言》＝пуска́й, пусть「さあ，行け」。現在では用いない。

642　эх вы「(呼びかけ）おい，みんな」。

643　【用法】любе́зные はなれなれしさを示した呼びかけ。御者が馬たちに向かってよく使う。

644　взмахну́ть〚完〛《造格「…を」》「勢いよくふりあげる」の副分詞。кну́тик は кнут の指小語。

645　седо́к〚男〛「(辻馬車などの）客」。【文法】свой の前の前置詞 с は，現在では со を使う。

646　ва́жи〚複〛「旅行用馬車の屋根や後部に取り付ける大トランク」。

647　скрыва́ться〚不完〛「姿を消す」の副分詞。

648　ши́бко〚副〛《俗語》「速く，すばやく」。

649　покати́ться〚完〛「(馬車・自動車などが）走りだす」。

Больно́й ямщи́к оста́лся в ду́шной избе́ на печи́ и, не вы́кашлявшись,[650] через си́лу[651] переверну́л-ся[652] на друго́й бок и зати́х.[653]

В избе́ до ве́чера[654] приходи́ли, уходи́ли, обе́дали, — больно́го бы́ло не слы́шно.[655] Перед но́чью куха́рка вле́зла[656] на печь и через его́ но́ги доста́ла[657] тулу́п.

— Ты на меня́ не серча́й,[658] Наста́сья,[659] — проговори́л[660] больно́й,— ско́ро опроста́ю[661] у́гол-то[662] твой.

— Ла́дно, ла́дно, что ж,[663] ничаво́,[664] — пробормота́ла[665] Наста́сья. — Да что у тебя́ боли́т-то,[666] дя́дя? Ты скажи́.

病気の御者は，息苦しい小屋の炉の上にとどまっており，咳ばらいをしおえないまま，やっとのことで寝がえりをうったあと，静かになった。

小屋では日の暮れ近くまで出入りがあり，食事もとっていた。病人の気配は聞こえなかった。夜寝る前に炊事婦は炉にのぼり，病人の足ごしに皮衣をとった。

「おれにむかつかないでくれよな，ナスターシヤ」と病人は声に出した。「もうじきあんたのこの一角をあけるからよう」

「もういいよ。いいよ，かまわないよ，どってことないから」ナスターシヤはつぶやいた。「いったいどこが痛いんだい，おじき。言ってみなよ」

650   вы́кашляться〚完〛「咳ばらいをする，咳をして痰などを吐き出す」の副分詞。

651   через си́лу「大変苦労をして。無理をして」= с больши́м трудо́м.

652   переверну́ться〚完〛「回転する，ころがる」。переверну́ться на друго́й бок「寝返りを打つ」。

653   зати́хнуть〚完〛「静かになる，声や音を出さなくなる」（過去形 зати́х, зати́хла...）。

654   до ве́чера「日が暮れるまで」。【用法】同じ「…まで」でも，к ＋与格はまぎわまで「ぎりぎり…までには」，перед ＋造格は直前をあらわす。перед но́чью「夜，寝る前に」。

655   слы́шно〚無人称文の述語〛「聞こえている」。【文法】対象は，肯定文のときは対格，否定文のときは生格であらわされる。

656   влезть〚完〛「よじのぼる」（過去形 влез, вле́зла...）。

657   доста́ть〚完〛《対格「…を」》「（近くの物を）取る，取り出す」。【補注】長外套をとったのは彼女自身が床か長椅子で寝るため。【用法】この例とちがって，доста́ть が「入手する」と意味で用いられている場合は，получи́ть と異なり，苦労して手に入れるというニュアンスが伴う。

658   серча́ть〚不完〛《俗語》「腹を立てる」= серди́ться.

659   Анастаси́я の愛称語。ほかに На́стя, Наста́ся など。

660   проговори́ть〚完〛「発する，声に出す」。かろうじて声にだしているニュアンス。

661   опроста́ть〚完〛《俗語》《対格「…を」》「空にする」。

662   【補注】「あんたの一隅 у́гол-то твой」からわかるように，ふだんは炊事婦が使っている。【用法】-то は種々の品詞について，その語を強調する。**文学作品のなかの民衆の会話では，強調でなく親しげ・くだけた調子でも使われるケースがよく見られる。たとえばトルストイの『闇の力』を参照。**

663   ла́дно, ла́дно, что ж《俗語》「もういいわよ，何を言うんだい」。ここの ла́дно は「よい」ではなく дово́льно, хва́тит「もう十分だ」。

664   ничаво́〚無人称文の述語〛《俗語》「どうってことない」= ничего́.

665   пробормота́ть〚完〛「小声であいまいにつぶやく」。

666   да что у тебя́ боли́т-то「いったいどこが痛むんだい」。

— Нутро́[667] всё изны́ло.[668] Бог его́ зна́ет что.[669]

— Небо́сь,[670] и гло́тка[671] боли́т, как[672] ка́шляешь?

— Везде́[673] бо́льно. Смерть моя́ пришла́ — вот что.[674] Ох, ох, ох![675] — простона́л[676] больно́й.

— Ты но́ги-то укро́й[677] вот так,[678] — сказа́ла Наста́сья, по доро́ге[679] натя́гивая[680] на него́ армя́к и слеза́я[681] с пе́чи.

Но́чью в избе́ сла́бо свети́л[682] ночни́к.[683] Наста́сья и челове́к де́сять ямщико́в[684] с гро́мким[685] хра́пом[686] спа́ли на полу́ и по ла́вкам.[687] Оди́н[688] больно́й сла́бо кряхте́л,[689] ка́шлял и воро́чался[690] на печи́. К утру́ он зати́х соверше́нно.[691]

— Чудно́ что́-то[692] я ны́нче[693] во сне́[694] ви́дела, —

「腹わたがどこもかもいかれちまった。どこだかさっぱりわからん」
「たぶん，のども，咳すると痛むんだろな」
「どこもかもいてえ。お迎えがきたんだ。それだけのことよ。ああ，あ，ああ」病人はうめき声をあげた。
「足はくるんだほうがいいよ。ほらこうやって」炉からおりる途中でアルミャークをひっかけてやりながら，ナスターシヤが言った。
　夜なか，小屋には常夜灯がほのかに灯っていた。ナスターシヤと10人ほどの御者は高いびきを立てて床や長椅子に眠っていた。病人だけが暖炉の上で弱々しくうめき，咳をし，寝返りをうっていた。朝近くまでには病人はすっかり静かになった。
「なんか奇妙なことに，きょう夢を見たよ」と炊事婦は，翌朝，薄

667　нутро́ 〖中〗《俗語》「内臓」= вну́тренности.

668　изны́ть 〖完〗「だめになる，疲れ切っている」。

669　бог его́ зна́ет что 《口語》「内臓のどこだかさっぱりわからない」。神のみぞ知る。

670　небо́сь 〖助詞〗《俗語》「たぶん」。

671　гло́тка 〖女〗《俗語》「のど」= го́рло.

672　как 〖接〗= когда́.

673　везде́ 〖副〗「いたるところ」。

674　вот что 「そういうこと」。

675　ох 〖間〗「おお，ああ」苦痛の叫び。

676　простона́ть 〖完〗「しばらく・すこしのあいだうめき声をあげる」。

677　укры́ть 〖完〗《対格「…を」》（すっぽり）覆う」の命令形（現在形 укро́ю, укро́ешь...）。

678　вот так 「ほら，こんなふうに」。

679　по доро́ге 「途中で，ついでに」。

680　натя́гивать 〖不完〗《対格「…を」》「引っ張って被せる」の副分詞。

681　слеза́ть 〖不完〗の副分詞。

682　свети́ть 〖不完〗「光を発する」。

683　ночни́к 〖男〗「常夜灯」。【補注】この場面で使われていたのが，лучи́на 〖女〗「木切れを灯した明かり」（燃え尽きるのが速くて，しじゅう取り換えが必要）なのか，кагане́ц 《方言》「灯明皿」（皿の油を芯で灯す）なのかは不明。豊かな家ではろうそく，ランプも用いられていた。

684　【文法】челове́к を数詞の前におき，「およそ 10 人」。

685　гро́мкий 〖形〗「音の大きい」。

686　храп 〖男〗「いびき」。

687　по ла́вкам 「いくつかの長椅子の上で」。

688　оди́н 〖形〗「…だけ，…のみ」。

689　кряхте́ть 〖不完〗《口語》「うめく」。

лучи́на

кагане́ц

690　воро́чаться 〖不完〗《口語》「寝返りを打つ」。

691　соверше́нно 〖副〗「すっかり，完全に」。

692　【用法】чудно́ что́-то は что́-то чудно́е「奇妙ななにか」の変形かもしれない。しかしトルストイは民話などで，ви́деть во сне を目的語なしで「夢を見る」という意味で使っていることからすれば，ここの чудно́ は副詞で「不思議なことに」，что́-то は直前の語をやわらげて「なんだか，なにかこう」という意味にもとれる。

693　ны́нче 〖副〗《口語》「きょう」。

694　сон 〖男〗「眠り，夢」の前置格。

говори́ла куха́рка, в полусве́те[695] потя́гиваясь[696] на
друго́е у́тро.[697] — Ви́жу я, бу́дто дя́дя Хвёдор с пе́чи
слез и пошёл[698] дрова́[699] руби́ть.[700] Дай,[701] говори́т,[702]
На́стя, я тебе́ подсоблю́;[703] а я ему́ говорю: куда́ уж
тебе́ дрова́ руби́ть,[704] а он как схва́тит[705] топо́р[706] да
и почнёт руби́ть,[707] так ши́бко, ши́бко, то́лько ще́п-
ки[708] летя́т. Что ж,[709] я говорю, ты ведь бо́лен был.
Нет, говори́т, я здоро́в, да как замахнётся,[710] на меня́
страх и нашёл.[711] Как я закричу́,[712] и просну́лась.[713]
Уж не по́мер ли?[714] Дя́дя Хвёдор! а дя́дя!

Фёдор не отклика́лся.[715]

— И то,[716] не по́мер ли?[717] Пойти́ посмотре́ть,[718]

明りのなかで伸びをしながら話すのだった。「見ると，フヴョード
ルおじきが暖炉から這いおりてきて，薪を割りはじめたのさ。ナー
スチャ，手伝わせてくれ，と言うんだよ。そこであたしは言うんだ，
薪を割るなんてとんでもない，と。けどおじきは斧をいきなりつか
むと，割りはじめたのさ。どんどん割っていき，木っ端が飛ぶばかり。
いったいどうしたんだい，あんたは病気だったじゃないか，とあた
しが言う。いいや，おれは達者だ，と言うんだ。そしていきなり勢い
よくふりあげたときにゃあ，あたしは恐ろしくなっちまったよ。あ
たしが悲鳴をあげたとたん，眼が覚めたというわけさ。もう死んじ
まったんじゃないかい。フヴョードルおじき！　ああ，おじきよう！」

フョードルは応えなかった。

「そうだろうな，死んじまったんじゃないかな。見に行かなくっち

695 полусве́т〚男〛「薄明り」。

696 потя́гиваться〚不完〛「伸びをする」の副分詞。

697 на друго́е у́тро「翌朝に」。

698 пойти́〚完〛《口語》「…しはじめる」。

699 дрова́〚複〛「薪」。

700 руби́ть〚不完〛「（いくつかに）切る・割る」。

701 【用法】дай はある行為にとりかかる自身の決意をあらわす。

702 **【用法】このような говорит, говорю は грит, грю と発音されることが多い。**

703 подсоби́ть〚完〛《俗語》《与「…を」》「援助する」＝помо́чь.

704 куда́ уж ＋与格＋不定形「…が…するとはとんでもない」。

705 схвати́ть〚完〛「ひっつかむ」。

706 топо́р〚男〛「斧」。

707 【文法】как ＋完了体現在で，過去の動作の突然さ・急激さをあらわす。「いきなり，やにわに…した」《口語》。поча́ть〚完〛《方言》「…しはじめる」＝нача́ть. 現在ではあまり用いない。

708 ще́пка〚女〛「木片，木っ端」。

709 что ж「いったい，どうしたの」。

710 замахну́ться〚完〛「勢いよく振り上げる」。да は文全体の強調。「勢いよく振り上げたとたん，それはもう…」。

711 найти́〚完〛《на ＋対格「（感情が）…を」》「襲う，捉える」。и は文全体を強調。

712 закрича́ть〚完〛「叫びだす」。как я закричу́「私は叫び声をあげたとたん」。

713 просну́ться〚完〛「目がさめる」。

714 Уж не по́мер ли?「もう死んじまったんじゃないだろうか」。**【用法】この не は，望ましいことではないが十分にありうることを前提にしている。не と ли で推測をあらわしている。**

715 отклика́ться〚不完〛「応答する」。

716 и то ＝ и то пра́вда. 相手の言葉を強く肯定。「そのとおり」。

717 не по́мер ли?「死んじまったんじゃないだろうか」。

718 【文法】Пойти́ посмотре́ть. この不定法文は「…しなくてはならない」の意味。

— сказа́л оди́н из просну́вшихся[719] ямщико́в.

Сви́сшая[720] с пе́чи худа́я рука́, покры́тая рыже-ва́тыми[721] волоса́ми, была́ холодна́ и бледна́.

— Пойти́ смотри́телю сказа́ть, кажи́сь,[722] по́мер, — сказа́л ямщи́к.

Родны́х[723] у Фёдора не́ было — он был да́льний.[724] На друго́й день[725] его́ похорони́ли[726] на но́вом кла́-бище,[727] за ро́щей,[728] и Наста́сья не́сколько дней рас-ска́зывала[729] всем про[730] сон, кото́рый она́ ви́дела, и про то, что она́ пе́рвая хвати́лась[731] дя́ди Фёдора.

ゃ」目を覚ました御者のひとりが言った。

暖炉からだらりとさがった，赤茶けた毛でおおわれたやせた手は，冷たく，血色がなかった。

「駅長に言ってこなくちゃ，たぶん，死んじまったな」御者は言った。

身内はフョードルにはいなかった――土地の者ではなかったのである。翌日，フョードルは林の向こうの新しい墓地に葬られた。ナスターシヤは，自分が見た夢のことや，フョードルおじきが亡くなったのに自分が最初に気づいたことを，みんなに何日か語るのであった。

719　проснýться 〚完〛の能動形容分詞過去。

720　свúснуть 〚完〛「垂れる」の能動形容分詞過去（過去形 свис, свúсла…）。

721　рыжевáтый 〚形〛「赤茶けた」＜ рúжий. -еватый で「…がかった，…気味の」。【文法】рыжевáтыми волосáми は「道具・手段」の造格。

722　кажúсь 『挿入語』《俗語・方言》「…らしい」＝ кáжется.

723　роднúе 〚複〛《形容詞変化》「親戚，親類」。

724　дáльний 〚形〛《軟変化》「遠くからきている，よそ者である」。

725　на другóй день「翌日」。

726　похоронúть 〚完〛《対格「…を」》「埋葬する」。【文法】егó похоронúли は不定人称文。

727　клáдбище 〚中〛「墓地」。【文法】コンマで場所の副詞句どうしをつないでいる場合は，後の副詞句 за рóщей が前の副詞句 на нóвом клáдбище の内容を絞り込んでいる場合が多いが，ここの例のように逆の場合もある。

728　рóща 〚女〛「林」。за рóщей「林の向こうにある」。【用法】рóща は「（多くの場合広葉樹のある）小さい林」。лес は広い空間に多くの樹木が生えている。

729　расскáзывать 〚不完〛「物語る」。

730　про 〚前置〛《口語》《対格》「…について」＝《о ＋前置格》。

731　хватúться 〚完〛《生格「…が」》「（い）ないのに気づく」。【文法】主格 пéрвая「最初に」は口語的であり，造格 пéрвой が一般的。

3

Пришла́ весна́. По[732] мо́крым у́лицам го́рода, между[733] наво́зными[734] льди́нками,[735] журча́ли[736] торопли́вые[737] ручьи́;[738] цвета́ оде́жд[739] и зву́ки го́вора[740] дви́жущегося[741] наро́да[742] бы́ли я́рки.[743] В са́диках[744] за забо́рами[745] пу́хнули[746] по́чки[747] дере́в,[748] и ве́тви[749] их чуть слы́шно пока́чивались от све́жего[750] ве́тра.[751] Везде́ лили́сь и ка́пали[752] прозра́чные[753] ка́пли[754]... Воробьи́[755] нескла́дно[756] подпи́скивали[757]

春が訪れた。都会のびしょびしょした通りという通りでは，馬糞混じりの氷塊のあいだを，いそがしげに小さな流れがさらさら音をたてていた。行きかう人たちの服は色鮮やかで，話し声もはずんでいた。塀の向こうの小庭では樹々の芽がほころび，枝はさわやかな風に揺られ，ほんのかすかに聞こえるほどに音を立てていた。いたるところで水が流れ，澄んだ雫がたれていた……。雀たちはばらば

732　по 〚前置〛《複数与格》「…のあちこちに，…という…に」。【用法】на мо́крых у́лицах と類義だが，さまざまな場所で同時に行為がなされていることを示す。

733　между 〚前置〛《造格》「(多数の同種のものの) あいだに」。

734　наво́зный 〚形〛「馬糞 наво́з 混じりの」。

735　льди́нка は льди́на 〚女〛「氷塊，氷片」の指小語。лёд 〚男〛「氷」とちがって可算名詞。【文法】《, между наво́зными льди́нками,》のようにコンマで挟んでいるのは，「より正確にいえば」，「より細かくいえば」と説明を加えるため。

736　журча́ть 〚不完〛「(流水が) さらさら・ざわざわ音を立てる」。

737　торопли́вый 〚形〛「せかせかした」。

738　руче́й 〚男〛「小川，流れ」の複数主格。

739　оде́жда 〚女〛「衣服，衣装」。

740　го́вор 〚男〛「話し声」。

741　дви́гаться 〚不完〛「動く，移動する」の能動形容分詞現在。

742　наро́д 〚男〛【文法】「人びと」という意味では単数形しか用いない。

743　я́ркий 〚形〛が双方の述語になっているが，цвет「色」(複数主格は цвета́) は「鮮明な，あざやか」，звук「音」は「よくひびく」。

744　са́дик は сад「庭」〚男〛の指小語。

745　забо́р 〚男〛「塀」。

746　пу́хнуть 〚不完〛《口語》「ふくらむ」。過去形は пух, пу́хла... と пу́хнул, пу́хнула... の二通りあり。

747　по́чка 〚女〛「つぼみ，芽」。

748　де́рево 〚中〛「木」の複数形は現在では дере́вья, дере́вьев... だが，19 世紀には дерева́, дере́в... も使われていた。

749　ветвь 〚女〛「枝」。

750　све́жий 〚形〛「涼しい」。

751　ве́тер 〚男〛「風」。от све́жего ве́тра「涼しい風のせいで」。

752　ка́пать 〚不完〛「したたり落ちる」。

753　прозра́чный 〚形〛「透明な」。

754　ка́пля 〚女〛「水滴，しずく」。

755　воробе́й 〚男〛「すずめ」の複数主格。

756　нескла́дно 〚副〛「各自ばらばらに」。

757　подпи́скивать 〚不完〛「ちゅんちゅんさえずる」。пища́ть「ピーピー писк 鳴く」に程度をやわらげる・軽やかにする接頭辞 под- を組み合わせてトルストイがつくった語。

и подпа́рхивали[758] на свои́х ма́леньких кры́льях.[759] На со́лнечной[760] стороне́,[761] на забо́рах, дома́х и дере́вьях, всё дви́галось и блесте́ло. Ра́достно,[762] мо́лодо[763] бы́ло и на не́бе,[764] и на земле́, и в се́рдце[765] челове́ка.

На одно́й из гла́вных[766] у́лиц,[767] пе́ред больши́м ба́рским[768] до́мом, была́ постле́на[769] све́жая[770] соло́ма;[771] в до́ме была́ та са́мая[772] умира́ющая[773] больна́я, кото́рая спеши́ла[774] за грани́цу.

У затво́ренных[775] двере́й ко́мнаты стоя́л[776] муж больно́й и пожила́я[777] же́нщина. На дива́не[778] сиде́л свяще́нник,[779] опусти́в[780] глаза́ и держа́[781] что́-то завёрнутым[782] в епитрахи́ли.[783] В углу́[784] в воль-

епитрахи́ль

らにちゅんちゅんさえずり，かわいい翼であちこち跳び移っていた。日の当たる側では，塀の上や建物の上，樹々の上で，すべてが動き，かがやいていた。空の上にも，大地の上にも，人のこころのなかにも，喜びと若さがただよっていた。

　大通りのひとつにある大きな地主貴族屋敷の前には新らしい藁が敷かれており，家のなかには，外国へと急いでいたまさにあの瀕死の病人がいた。

　ある部屋の閉まった扉の前には，病人の夫と年配の女性が立っていた。ソファには司祭が腰を下ろし，眼を伏せ，何かを領帯にくる

758　подпа́рхивать〘不完〙「近くに跳び移る」。порха́ть「（小鳥や蝶が）あちこち飛び移る」に程度をやわらげる・軽やかにする接頭辞 под- を組み合わせてトルストイがつくった語。

759　крыло́〘中〙「翼」。на свои́х ма́леньких кры́льях「小さな翼で」。

760　со́лнечный〘形〙「日の当たる」。

761　сторона́〘女〙「側，側面」。

762　ра́достно〘無人称文の述語〙「うれしい」。

763　мо́лодо〘無人称文の述語〙「若い」。【用法】молодо́й を無人称文の述語として使うのは一般的でないが，ここでは，あらゆる場所に「若さが漲っている」感じを表現している。

764　先の二カ所では в не́бе となっていた。【文法】一般には，星，太陽，雲などが空にあるときは両方の前置詞が使われる。飛行機や鳥の場合は в ＋前置格だけが使われる。

765　се́рдце〘中〙「心」。д は発音しない。

766　гла́вный〘形〙「主な」。

767　у́лица〘女〙「通り」。

768　ба́рский〘形〙「地主 ба́рин の」。

769　постеле́ть〘完〙《口語》《対格「…を」》「敷く」＝ постла́ть の被動形容詞過去短語尾「敷かれていた」。

770　све́жий〘形〙「新鮮な」。

771　соло́ма〘女〙「藁」。【文法】「藁」は，лёд「氷」，пыль「埃」，снег「雪」などと同様，不可算名詞。【補注】重篤の病人などがいる家では家の前を通る馬車の音を鎮めるために敷かれていた。

772　та са́мая「まさにあの」。

773　умира́ть〘不完〙「死ぬ」の能動形容分詞現在。

774　спеши́ть〘不完〙「急ぐ」。

775　затвори́ть〘完〙《対格「…を」》「閉じる」の被動形容分詞過去。【用法】затвори́ть と закры́ть は「（窓や戸を）閉める」という意味だが，鍵をかけて閉める場合は запере́ть を用いる。закры́ть も ключ〘男〙「鍵」の造格 ключо́м をそえて，「鍵をかけて閉める」という意味をあらわすことができる。дверь は複数で使われているときは観音開きの扉をあらわすが，観音開きの場合でも単数ですますこともある。また，現在では「戸口に立つ」という意味で，観音開きか否かにかかわらず стоя́ть в дверя́х が用いられる。

776　【文法】主語は「病人の夫」と「年配の女性」の二人であるが，このような語順の場合，先にも見たように，述語はすぐあとの名詞とのみ性と数を一致させることが多い。

777　пожило́й〘形〙「中年を過ぎた」＝ уже́ не молодо́й.

778　дива́н〘男〙「ソファ」。

779　свяще́нник〘男〙「司祭」。主教 епи́скоп と輔祭 дья́кон の中間に位置する。

780　опусти́ть〘完〙《対格「…を」》「（眼などを）伏せる」の副分詞。【用法】この場合の опусти́ть глаза́ は考え・思いにひたっている身振り。

781　держа́ть〘不完〙《対格「…を」》「ある位置・状態におく・保つ」の副分詞。

782　заверну́ть〘完〙《対格「…を」》「包む，くるむ」の被動形容詞過去の造格「包まれた状態で」。

783　епитрахи́ль〘女〙「司祭の領帯（司祭が肩から胸に垂らす）」。

те́ровском кре́сле,[785] лежа́ла стару́шка[786] — мать больно́й — и го́рько[787] пла́кала. Подле[788] неё го́рнич-ная держа́ла на руке́[789] чи́стый[790] носово́й плато́к,[791] дожида́ясь,[792] чтобы стару́шка спроси́ла[793] его́; дру-га́я чем-то тёрла[794] виски́[795] стару́шки и ду́ла[796] ей под че́пчик в седу́ю[797] го́лову.

— Ну, Христо́с с ва́ми,[798] мой друг,— говори́л муж пожило́й же́нщине, стоя́вшей[799] с ним у две́ри, — она́ тако́е име́ет дове́рие[800] к вам, вы так[801] уме́ете гово-ри́ть с ней, уговори́те её хороше́нько,[802] голу́бушка,[803]

んだ状態でもっていた。隅では，ヴォルテール式肘掛け椅子に老婦人──病人の母──が横たわっており，さめざめと泣いていた。そのすぐ近くでは小間使いが清潔なハンカチを腕にかけ，老婦人から求められるのを待っていた。もうひとりの小間使いは，老婦人のこめかみを何かでこすり，帽子の下の白髪頭に息を吹きかけていた。
「なにをためらっているのです」夫は，扉の前にいっしょに立っていた年配の女性に話した。「妻はあなたをとても信頼していますし，あなたは妻とわけなく話ができます。どうか妻をちゃんと説得して

784   в углу́「隅で」。【用法】建物を外からみた「角」という意味では на углу́。

785   вольте́ровское кре́сло「背の高い深々とした幅広の肘掛け椅子」。形態はさまざま。
【用法】в кре́сле「安楽椅子で」, на сту́ле「椅子で」, на дива́не「ソファで」。

вольте́ровское кре́сло

786   стару́шка は стару́ха 〘女〙「老婦人」の愛称語。

787   го́рько 〘副〙「さめざめと」。

788   подле 〘前置〙《生》「…のすぐそばに」= совсе́м ря́дом《с +造格「…のすぐそばに」》。

789   на руке́「腕に乗せて」。【用法】英語の arm で支えている場合をいう。hand で持って
いる・支えている場合であれば в руке́。

790   чи́стый 〘形〙「きれいな, 清潔な」。

791   носово́й плато́к「ハンカチ」。

792   дожида́ться 〘不完〙「待つ」の副分詞。дожида́ться, что́бы + 過去時制の文「…が…す
るのを待つ」。

793   спроси́ть 〘完〙《対格・生格「…を」》「貸してくれという, 求める」。

794   тере́ть 〘不完〙《対格「…を」》「こする」。(過去形 тёр, тёрла...)【文法】че́м-то は「道
具・手段」の造格。

795   висо́к 〘男〙「こめかみ, 側頭部」の複数対格。

796   дуть 〘不完〙「吹く」。

797   седо́й 〘形〙「白髪の」。тёрла виски́ стару́шки и ду́ла ей под че́пчик (= ду́ла под её
че́пчик) в седу́ю го́лову「老婦人のこめかみをこすりながら, 帽子の下の白髪頭に息を吹き
かけていた」。【補注】意識をはっきりさせるためにおこなっていた民間療法。トルストイ
の『戦争と平和』にも以下のような箇所がある。「侯爵夫人は安楽椅子に気を失っていた
(лежа́ла)。マドモアゼル・ブリエンヌはそのこめかみをこすっていた」(工藤精一郎訳)。

798   Ну, Христо́с с ва́ми「まあ, なんでそんなことを」。現在ではあまり用いない。【用法】
相手の言動にたいする驚き・不満をあらわす。= Что вы!

799   стоя́ть 〘不完〙「立っている」の能動形容分詞過去。

800   дове́рие 〘中〙「信頼」。име́ть тако́е дове́рие「とても信頼している」。

801   так 〘副〙「そんなに, こんなに」。

802   хороше́нько 〘副〙《口語》「ちゃんと」。

иди́те же.[804] — Он хоте́л уже́ отвори́ть[805] ей дверь; но кузи́на[806] удержа́ла его́, приложи́ла[807] не́сколько раз плато́к к глаза́м и встряхну́ла[808] голово́й.

— Вот тепе́рь, ка́жется, я не запла́кана,[809] — сказа́ла она́ и, сама́ отвори́в[810] дверь, прошла́ в неё.[811]

Муж был в си́льном волне́нии[812] и каза́лся соверше́нно расте́рян.[813] Он напра́вился[814] бы́ло[815] к стару́шке; но, не дойдя́[816] не́сколько шаго́в, поверну́лся, прошёл по ко́мнате[817] и подошёл к свяще́ннику. Свяще́нник посмотре́л на него́, по́днял бро́ви к не́бу и вздохну́л.[818] Густа́я с про́седью[819] боро́дка[820] то́же подняла́сь кве́рху и опусти́лась.[821]

— Бо́же мой! Бо́же мой! — сказа́л муж.

ください。さあ，行ってください」夫はすでに扉を開けようとしていたが，従姉はおしとどめ，何度かハンカチを眼にあててから，さっと頭を振った。

「さあこれで，たぶん，泣いていたようには見えないわね」従姉はそう言うと，みずから扉を開け，なかへ入っていった。

　夫はひどく興奮しており，すっかりとりみだしているようであった。老婦人のほうへ向かいかけたが，数歩も歩まないうちに向きを変え，部屋を横切って，司祭に歩み寄った。司祭は夫を見ると，眉を天に向けてあげ，ため息をついた。白髪まじりの濃いあごひげも，一度あがったあと，さがった。

「ああ，神様。ああ，神様」夫は言った。

803 голу́бушка〖女〗「（女性にたいする呼びかけとして）かわいい・いとしいひと」= ми́лая, дорога́я.【用法】голу́бчик〖男〗のほうは男性，女性いずれへの呼びかけにも用いられる。

804 иди́те же「ぜひ行ってやってください」。

805 【用法】отвори́ть と откры́ть は「（窓や戸を）開ける」という意味だが，鍵で開ける場合は отпере́ть を用いる。

806 кузи́на〖女〗従姉妹（＜フランス語の cousine）＝ двою́родная сестра́.【19 世紀ロシア語】кузи́на は上流社会で用いられた。

807 приложи́ть〖完〗《対格「…を」》「押し当てる」。【文法】приложи́ла не́сколько раз плато́к は，「何度かハンカチをあてた」というように反復された動作になっているが，ここではひとまとまりの総体としてとらえているので完了体が用いられている。

808 встряхну́ть〖完〗《造格「…を」》「勢いよく振る」。⑩ встряхну́ла голово́й「頭をいきおいよく振った，鼓舞した」。

809 запла́канный〖形〗「涙の跡がある」（短語尾形は запла́кан, запла́кана...）。

810 отвори́ть〖完〗《対格「…を」》の副分詞。

811 прошла́ в неё「扉を通って行った・扉の中へと入っていった」。

812 волне́ние〖中〗「興奮」。в си́льном волне́нии「ひどく興奮している」。

813 растéрянный〖形〗「呆然とした，ろうばいした」（短語尾形は растéрян, растéрянна...）。【19 世紀ロシア語】каза́ться〖完〗「…のように見える」と形容詞の結合では，19 世紀には短語尾形が用いられる場合が多かったが，今日では長語尾造格が一般的。

814 напра́виться〖完〗「行く，出かける」。

815 【文法】ここの бы́ло は動詞の過去形にそえ，開始された行為の中断，予定された成果の非実現をあらわす。無アクセント。

816 дойти́〖完〗「…まで行く」の副分詞。не дойти́ не́сколько шаго́в「数歩と進まない」。до неё「彼女（老婦人）のところまで」が略されている。

817 пройти́ по ко́мнате「部屋を横切る」。【用法】проходи́ть / ходи́ть по ко́мнате だと「（ある時間）部屋を歩き回る」。

818 вздохну́ть〖完〗「ため息をつく」。〖不完〗は вздыха́ть。【用法】ここの по́днял бро́ви к не́бу は「自分ではどうにもならない，すべて神のみぞ知る」と天を仰いでいる。

819 про́седь〖女〗「（ところどころ生えはじめた）白髪」。

820 боро́дка は борода́〖女〗「あごひげ」の指小語。густа́я боро́дка「濃いあごひげ」。【補注】聖職者は，たっぷりとひげをたくわえ，髪は長髪であった。

821 опусти́ться〖完〗「落ちる」。

— Что де́лать? - вздыха́я,[822] сказа́л свяще́нник, и сно́ва бро́ви и боро́дка его́ подняли́сь кве́рху и опусти́лись.

— И ма́тушка[823] тут! — почти́[824] с отча́яньем[825] сказа́л муж. — Она́ не вы́несет[826] э́того. Ведь так люби́ть, так люби́ть её, как она́[827]... я не зна́ю.[828] Хоть бы вы, ба́тюшка,[829] попыта́лись[830] успоко́ить[831] её и уговори́ть уйти́ отсю́да.

Свяще́нник встал[832] и подошёл к стару́шке.

— То́чно-с,[833] матери́нское[834] се́рдце никто́ оцени́ть[835] не мо́жет,— сказа́л он,— одна́ко бог милосе́рд.[836]

Лицо́ стару́шки вдруг ста́ло всё подёргиваться,[837]

「いたしかたありません」と，司祭がため息まじりに言うと，また眉とあごひげがつりあがって，さがった。

「母上もここにいるんです！」と，絶望せんばかりに夫は言った。「母上はこうしたことに耐えられません。だって。母上のようにこんなにもあれを愛するなんて……ああ，もうわたしにはわかりません。神父さん，せめてあなたこそが母上をなだめて，この部屋から出て行くよう説得してくれれば」

司祭は立ち上がり，老婦人のそばにいった。

「もちろん，母心は誰にも計り知れるものではございません」司祭は言った。「しかしながら神は慈悲深くいらっしゃいます」

老婦人の顔は不意に全体が痙攣しはじめ，ヒステリックにしゃく

822   вздыха́ть 〘不完〙の副分詞。

823   ма́тушка 〘女〙「お母様」。現在ではあまり用いない。

824   почти́ 〘副〙「ほとんど」。

825   отча́янье 〘中〙「絶望」＝ отча́яние. с отча́яньем (отча́янием) ＝ в отча́янье (отча́янии).
【用法】с ＋造格に比して，в ＋前置格は全面的に支配されている・とりこになっているといったニュアンスが伴う。82 頁の Муж был в си́льном волне́нии も参照。

826   вы́нести 〘完〙「耐える」。не вы́несет「耐えられっこない」。【文法】《не ＋完了体現在》で不可能を示す。強い否定の場合，目的語は生格になりやすい。

827   ведь так люби́ть, так люби́ть её, как она́「なにしろ母上のようにこんなにも彼女を愛するなんて……」。

828   я не зна́ю「もうどうしたものやら，よくわからない」。

829   ба́тюшка 〘男〙《口語》「神父様」＝ свяще́нник.

830   попыта́ться 〘完〙「試みる」(〘不完〙は пыта́ться)。【用法】стара́ться「務める，努力する」や стреми́ться「めざす」などに比し，成功の望みがさほど大きくない場合に使うことが多い。

831   успоко́ить 〘完〙《対格「…を」》「なだめる」。

832   встать 〘完〙「立ち上がる」。

833   то́чно-с《口語》「もちろん」。【19 世紀ロシア語】-с は，су́дарь, суда́рыня の短縮形であり，任意の語につけ丁重・卑下をあらわす。地主のほうが司祭よりも地位が上だった。

834   матери́нский 〘形〙「母親の，母親ならではの」。【用法】матери́нское се́рдце「母ならではの愛情・心，母性愛」に対し，се́рдце ма́тери は特定の母の愛情・心。

835   оцени́ть 〘完〙「評価する，判断をくだす」。

836   милосе́рдый 〘形〙「慈悲深い」(＝ милосе́рдный) の短語尾男性形。現在ではあまり用いない。

837   подёргиваться 〘不完〙「ときどき・軽く по ＋痙攣する дёргаться」。

и с ней сде́лалась[838] истери́ческая[839] ико́та.[840]

— Бог милосе́рд, — продолжа́л свяще́нник, когда́ она́ успоко́илась[841] немно́го. — Я вам доложу́,[842] в моём прихо́де[843] был оди́н больно́й, мно́го[844] ху́же Ма́рьи Дми́триевны, и что же,[845] просто́й[846] меща-ни́н[847] трава́ми[848] вы́лечил[849] в коро́ткое вре́мя. И да́же[850] мещани́н э́тот са́мый[851] тепе́рь в Москве́. Я говори́л Васи́лью Дми́триевичу — мо́жно бы ис-пыта́ть.[852] По кра́йности[853] утеше́нье[854] для больно́й бы бы́ло. Для бо́га всё возмо́жно.[855]

— Нет, уже́ ей не жить,[856] — проговори́ла стару́шка,— чем бы меня́, а её бог берёт.[857] — И ис-

りあげた。

「神は慈悲深くいらっしゃいます」司祭は，老婦人が少し落ち着くと続けるのであった。「まあ，お聞きください。わたくしどもの教区にひとりの病人がおりました。マリヤ・ドミトリエヴナよりはるかに悪うございました。それがどうでしょう，一介の町人が薬草で短期間のうちに治したのです。しかもまさにこの町人がいまモスクワにいます。ワシリー・ドミトリエヴィチには話しておきましたが……ためしてみることもできます。少なくとも，病人にとって気休めにはなるでしょう。神には何ごとも可能なのです」

「いや，もうあの娘は生きられません」老婦人は言った。「わたしをお召しになればいいものを，あの娘を神様はお召しになろうとしています」……そしてヒステリックなしゃっくりがあまりにひどく

838　сде́латься〘完〙《1・2人称なし》「起こる，生じる」。《с +造格》で，ある状態下の人物を示す。

839　истери́ческий〘形〙「ヒステリー症の」。

840　ико́та〘女〙「しゃっくり」。

841　успоко́иться〘完〙「落ち着く」。

842　доложи́ть〘完〙「報告する」。【用法】сказа́ть とちがって下位の者（司祭）が上位の者（地主）にたいして使うことが多い。

843　прихо́д〘男〙「教区」（教会の管理単位）。

844　мно́го〘副〙「はるかに」。пло́хо の比較級 ху́же を強めている。мно́го ху́же Ма́рьи Дми́триевны「マリヤ・ドミトリエヴナよりもはるかに容態が悪い」。

845　и что же「それがどうでしょう」。

846　просто́й〘形〙「ごくふつうの」。

847　меща́нин〘男〙「町人（下層市民）」。【用法】小商人，職人，アパートの家主，工場労働者など種々の部類を含み，翻訳不可能な語のひとつ。

848　трава́〘女〙《口語》「薬草（の浸種または煎じ汁）」。【文法】трава́ми は「道具・手段」複数造格。【用法】трава́ は「草が生えている」というような表現では，集合的な意味で単数が使われるのがふつう。

849　вы́лечить〘完〙《対格「…を」》「全快させる」。

850　и да́же「しかも」。

851　меща́нин э́тот са́мый「まさにその町人」。

852　мо́жно бы испыта́ть「体験してみる気なら，体験してみることもできますよ」。

853　по кра́йности《俗語》「少なくとも」= по кра́йней ме́ре.

854　утеше́нье〘中〙「慰め」= утеше́ние.

855　возмо́жный〘形〙「可能な」。【文法】主語が всё のときの述語の形容詞は短語尾形。

856　【文法】не +不定形 жить で不可能をあらわしている。不定法文では不可能は не +完了体で示されるのがふつうだが，жить「生きる」には不完了体しかない。

857　чем бы меня́, а её бог берёт「神は私を連れていけばよかったのに彼女を連れていく」。

тери́ческая ико́та уси́лилась[858] так, что[859] чу́вства[860] оста́вили[861] её.

Муж больно́й закры́л лицо́ рука́ми[862] и вы́бежал из ко́мнаты.

В коридо́ре[863] пе́рвое лицо́, встре́тившее[864] его́, был шестиле́тний ма́льчик,[865] во весь дух[866] догоня́вший[867] мла́дшую де́вочку.

— Что ж дете́й-то,[868] не прика́жете к мама́ше своди́ть?[869] — спроси́ла ня́ня.

— Нет, она́ не хо́чет их ви́деть. Э́то расстро́ит[870] её.

Ма́льчик останови́лся на мину́ту,[871] при́стально[872] всма́триваясь[873] в лицо́ отца́, и вдруг подбры́кнул[874] ного́й и с весёлым кри́ком[875] побежа́л да́льше.

なり，老婦人は気を失った。

病人の夫は両手で顔をおおい，部屋から駆けでた。

廊下で最初に会ったのは，妹を全速力で追っかけていた六歳の男の子だった。

「お子様がたをどういたしましょう。お母様のところに連れていったほうがよろしいのでは」乳母はたずねた。

「いや，妻は子供たちに会いたがっていない。気がめいってしまうだろう」

男の子は一瞬立ち止まり，じっと父親の顔を覗き込んでいたが，突然片足をはねあげて，楽しそうに叫びながらあちらへ駆けだした。

858　уси́литься 〚完〛「強まる」。

859　так, что「ひじょうに…なので」（しゃっくりがひじょうに強くなったので）。

860　чу́вство 〚中〛「意識，正気」。この意味では чу́вство 〚中〛は複数がふつう。

861　оста́вить 〚完〛《思惟・感情などが主語》《対格「…を」》「離れる，あとにする」。

862　【用法】закры́л лицо́ рука́ми「両手で顔をおおう」は，絶望・苦悩の身振り。【文法】рука́ми は「道具・手段」の造格。

863　коридо́р 〚男〛「廊下」。

864　встре́тить 〚完〛《対格「…に」》「会う」の能動形容分詞過去。

865　【文法】述語 шестиле́тний ма́льчик に論理的重点がおかれている構文。文章語的で，とくに文学作品に用いられる「逆一致」。例 Сва́дьба Ната́ши бы́ло после́днее ра́достное собы́тие в семье́ Росто́вых.「ナターシャの結婚はロストフ家の最近の喜ばしい出来事だった」。

866　во весь дух「全速力で」。

867　догоня́ть 〚不完〛《対格「…に」》「追いつく」の能動形容分詞過去。

868　что ж дете́й-то「お子様たちをどうしましょう」。

869　не прика́жете к мама́ше своди́ть【用法】ここの приказа́ть 〚完〛は，「命令する」ではなく，Что вы прика́жете?「なにか御用でも」のように，希望をうかがうという意味で用いられている。「お母様のもとへ連れていったほうがよろしいでしょうか」。ня́ня 〚女〛「乳母」としては，連れていくのが妥当ではなかろうかと思っている。【文法】свести́ 〚完〛ではなく своди́ть 〚不完〛を使っているのは，連れては行くがその結果が消滅する（連れて行ったままではない）ことを念頭においているか。それともこの場合の своди́ть は完了体で「連れて行ってくる」という往復の動作を示している可能性もある。

870　расстро́ить 〚完〛《対格「…の」》「気を滅入らせる」。

871　на мину́ту「ちょっと，一瞬」。

872　при́стально 〚副〛「入念に，じっと」。

873　всма́триваться 〚不完〛《в + 対格「…を」》「じっと見入る」の副分詞。【用法】ここの構文は，先行する動作 останови́лся（完了体過去）の結果としての状態と，プロセス的行為（不完了体副分詞）が同時に進行している。

874　подбры́кнуть 〚完・一回〛《俗語》「（馬が体の後部・脚を）軽くはねあげる」。造格なしでも用いられるが，ここでは子どもが片足をあげたことを造格で示している。

875　крик 〚男〛「叫び声」。

— Э́то[876] она́ бу́дто бы[877] вороная,[878] папа́ша! — прокрича́л[879] ма́льчик, ука́зывая[880] на сестру́.

Ме́жду тем[881] в друго́й ко́мнате кузи́на сиде́ла по́дле больно́й и иску́сно[882] ведённым[883] разго-во́ром[884] стара́лась пригото́вить[885] её к мы́сли[886] о сме́рти. До́ктор у друго́го окна́ меша́л[887] питьё.[888]

Больна́я, в бе́лом капо́те, вся обло́женная[889] по-ду́шками, сиде́ла на посте́ли[890] и мо́лча смотре́ла на кузи́ну.

— Ах,[891] мой друг, — сказа́ла она́, неожи́данно перебива́я[892] её, — не пригота́вливайте меня́. Не счита́йте[893] меня́ за дитя́.[894] Я христиа́нка.[895] Я всё зна́ю. Я зна́ю, что мне жить недо́лго,[896] я зна́ю, что

「あれじゃ、あの子はまるで黒馬だね、パパ！」と男の子は妹を指さしながら、声をあげた。

　そうこうしているうちに、別の部屋では従姉が病人のかたわらにすわり、巧みな会話でもって病人に死を考える準備をさせようとしていた。医者は別の窓のそばで飲み薬をかき混ぜていた。

　病人は、白いゆったりとした部屋着を身にまとい、まわり一面にクッションをあてがわれ、ベッドにすわり、黙って従姉を見つめていた。

「ああ、おねえさま」不意に従姉をさえぎりながら、言った。「わたしに心構えをさせないでください。わたしを子ども扱いなさらないで。わたしはキリスト教徒です。すべて承知しています。そう長

876 э́то 【用法】既述の状況を暗に指し示しながら「あれは・あれでは…である」。

877 бу́дто бы「あたかも…のようだ」。

878 вороная́ 〚女〛《形容詞変化》「黒毛の馬」。【用法】ここは妹を指して使っているが，вороно́й 〚形〛「黒毛の」を名詞として使うときは男性名詞 вороно́й がふつう。

879 прокрича́ть 〚完〛「大声で言う」。

880 ука́зывать 〚不完〛《на + 対格「…を」》「指さす」の副分詞。

881 между тем「そうこうしているうちに，一方」。

882 иску́сно 〚副〛「巧みに」。

883 вести́ 〚不完〛「…する」の被動形容分詞過去。【文法】形容詞化した печёный がすでに出てきたが，不完了体動詞から被動形容分詞過去が形成される例は稀。

884 разгово́р 〚男〛「会話」。【文法】ведённым разгово́ром は「道具・手段」の造格。

885 пригото́вить 〚完〛《対「…に」к + 与「…の」》「心の準備をさせる，覚悟をさせる」。〚不完〛は пригота́вливать。

886 мысль 〚女〛「考えること，思い」。

887 меша́ть 〚不完〛《対格「…を」》「かき混ぜる」。

888 питьё 〚中〛「飲み物」。

889 обложи́ть 〚完〛《対格「…を」造格「…で」》「ふちどる」の被動形容分詞過去。

890 посте́ль 〚女〛「ベッド」。【用法】寝床に入っているならば на посте́ли でなく в посте́ли。

891 ах 〚間〛悲哀を示している。

892 перебива́ть 〚不完〛《対格「…を」》「(言葉を) 遮る」の副分詞。

893 счита́ть 〚不完〛《対「…を」за + 対「…と」》「みなす」。

894 дитя́ 〚中〛「子ども」。【文法】中性単数なので活動名詞・不活動名詞の区別はなく，対格＝主格。現在ではあまり用いず，де́ти の単数としては ребёнок 〚男〛が使われる。

895 христиа́нка 〚女〛「キリスト教徒」。

896 мне жить недо́лго「長くは生きられない」。【文法】この不定法文は必然性をあらわしている。

е́жели бы муж мой ра́ньше[897] послу́шал меня́, я бы была́ в Ита́лии и, мо́жет быть, — да́же наве́рно,[898] — была́ бы здоро́ва. Э́то все[899] ему́ говори́ли. Но что ж де́лать, ви́дно, бо́гу бы́ло так уго́дно.[900] На всех нас мно́го грехо́в,[901] я зна́ю э́то; но наде́юсь[902] на ми́лость[903] бо́га, всем прости́тся,[904] должно́ быть,[905] всем прости́тся. Я стара́юсь поня́ть себя́. И на мне бы́ло мно́го грехо́в, мой друг. Но зато́[906] ско́лько я вы́страдала.[907] Я стара́лась сноси́ть[908] с

くはないこともわかっています。もし主人がわたしのいうことを前に聞いてくれていたなら，わたしはイタリアにいて，もしかしたら，いやきっと，元気になっていたろうこともわかっています。そのようにみなも主人に言っていたのです。けれども仕方ありません。どうやら，それが神様の御心だったようです。わたしたちはみなたくさんの罪を背負っています，わたしはそのことを承知しています。けれども神様のご慈悲を願っています，みんなは許されるでしょう，きっと，みんな許されます。わたしは自分を理解するようつとめています。わたしもまたたくさんの罪を背負っていました。けれどもそれゆえとても苦しまねばなりませんでした。わた

Л. Н. Толстой.

ТРИ СМЕРТИ.

№-100. Изданіе „ПОСРЕДНИКА".

897 ра́ньше〖副〗「以前に」。

898 да́же наве́рно「いや，きっと」。

899 все〖複〗「すべての人，みんな」。

900 уго́дно〖無人称文の述語〗《与格「…に」》「必要だ，望ましい」。бо́гу бы́ло так уго́дно「神様がそのように望まれた」。

901 грех〖男〗「（宗教・道徳上の）罪」。【用法】一般の「罪」は вина́〖女〗。

902 наде́яться〖不完〗《на ＋対格「…を」》「期待する，あてにする」。

903 ми́лость〖女〗「慈悲」。

904 прости́ться〖完〗《与格「…は」》「許される」。主語は грех。

905 должно́ быть〖挿入語〗「きっと」。

906 но зато́「しかし」。【用法】否定的な内容の先行文を受けて，それを償うような内容の文がつづくことが多い。

907 вы́страдать〖完〗「苦しみぬく」。ско́лько я вы́страдала「いろいろ苦しい思いをした」。

908 сноси́ть〖不完〗《対格「…を」》「耐え忍ぶ」。сноси́ть с терпе́ньем「じっと耐え忍ぶ」。

＊ 左ページの図は，1890 年，《仲介者》社刊の『三つの死』の表紙。
ポスレードニク

93

терпе́ньем[909] свои́ страда́нья[910]...

— Так позва́ть ба́тюшку,[911] мой друг? вам бу́дет ещё ле́гче,[912] причасти́вшись,[913] — сказа́ла кузи́на.

Больна́я нагну́ла[914] го́лову в знак согла́сья.[915]

— Бо́же! прости́ меня́, гре́шную,[916] — прошепта́ла[917] она́.

Кузи́на вы́шла и мигну́ла[918] ба́тюшке.

— Э́то а́нгел![919] — сказа́ла она́ му́жу с слеза́ми[920] на глаза́х.

Муж запла́кал, свяще́нник прошёл в дверь,[921] стару́шка всё еще[922] была́ без па́мяти,[923] и в пе́рвой ко́мнате[924] ста́ло соверше́нно ти́хо. Че́рез пять мину́т свяще́нник вы́шел из две́ри[925] и, сняв[926] епитрахи́ль, опра́вил во́лосы.

しは自分の苦悩をじっと耐えようとしてきました……」

「では，神父様をお呼びしましょうか。聖体礼儀を行なえばもっと楽になりますわ」従姉は言った。

病人は同意のしるしにうなずいた。

「神様！　罪深いわたしをお許しください」と病人はささやいた。

従姉は部屋を出て，神父に目で合図した。

「あのひとは天使ですわ！」従姉は眼に涙を浮かべて夫に言った。

夫は泣きだし，司祭は病人の部屋にはいっていった。老婦人は依然として失神したままであり，第一の部屋はすっかり静まりかえった。五分後，司祭は扉から出てくると，領帯をはずし，髪を直した。

909　терпе́нье〚中〛「忍耐力」＝ терпе́ние.

910　страда́нье〚中〛「(肉体的・精神的) 苦痛」＝ страда́ние.

911　так позва́ть ба́тюшку?「それでは神父様を呼んでいいですね」。【文法】同意・不同意を確かめる不定法文。

912　ле́гче は легко́〚無人称文の述語〛「楽だ」の比較級。

913　причасти́ться〚完〛「御聖体をいただく」の副分詞。【補注】キリストの血と肉に当たるぶどう酒とパンを身体に受け入れることを指す。それによって復活の保証を得ることができる。

914　нагну́ть〚完〛《対格「…を」》「曲げる，傾ける」。

915　согла́сье〚中〛「同意」＝ согла́сие. в знак согла́сья「同意の印に」。

916　прости́ меня́, гре́шную「罪深い私をゆるしたまえ」。【用法】神には **ты** で呼びかける。
【文法】人称代名詞にかかる形容詞は，人称代名詞＋コンマのうしろにくる。

917　прошепта́ть〚完〛「しばらく про ＋ささやく・小声で言う」。

918　мигну́ть〚完・一回〛《与格「…に」》「目配せする」。

919　【文法】э́то が，すでに言及されている人物を指して он, она́ の代わりに使われることがある。【用法】この場合の а́нгел〚男〛「天使」は，善良で柔和で敬虔深いひとで，話し手からすれば理想であり人間としての最良の質の権化に向けられた称賛やお世辞。

920　с слеза́ми ＝ со слеза́ми.

921　прошёл в дверь「扉を通過していった，扉の中へ入っていった」。

922　всё ещё「あいかわらず，やはりまだ」。

923　па́мять〚女〛「記憶」。без па́мяти「意識不明である」。

924　пе́рвая ко́мната「第一の間，控えの間」。

925　вы́шел из две́ри「扉のなかから出てきた」＝ вы́шел через дверь.

926　снять〚完〛《対格「…を」》「脱ぐ，はずす」の副分詞。

— Сла́ва бо́гу,[927] оне́[928] споко́йнее тепе́рь,— сказа́л он,— жела́ют[929] вас ви́деть.

Кузи́на и муж вы́шли. Больна́я ти́хо пла́кала, гля́дя[930] на о́браз.[931]

— Поздравля́ю тебя́,[932] мой друг, — сказа́л муж.

— Благода́рствуй![933] Как мне тепе́рь хорошо́ ста́ло,[934] каку́ю непоня́тную[935] сла́дость[936] я испы́тываю,[937] — говори́ла больна́я, и лёгкая[938] улы́бка игра́ла[939] на её то́нких губа́х. — Как бог ми́лостив![940] Не пра́вда ли,[941] он ми́лостив и всемогу́щ?[942] — И она́ сно́ва с жа́дной мольбо́й[943] смотре́ла по́лными[944] слёз глаза́ми на о́браз.

「おかげであの方はいまでは落ち着いていらっしゃいます」司祭は言った。「みなさんに会いたいとのことです」

　従姉と夫ははいっていった。病人は聖像画をながめながら，かすかに泣いていた。

「よかったね，おまえ」と夫は言った。

「ありがとう！　とてもいい気持ちになったわ。なんとも言えぬ幸せを感じているの」病人は話すのだった。かすかなほほ笑みがその薄い唇に浮かんでいた。「神様はなんて慈悲深いのでしょう！　そうでなくって？　神様は慈悲深くて，全能なんでしょ？」。そして病人は再びひたすらお祈りをしながら，涙でいっぱいの眼でイコンをながめていた。

927　сла́ва бо́гу 〚挿入語〛《口語》「ありがたいことに，おかげで」。

928　она́「彼女」の複数。【19世紀ロシア語】一人を指して使っているこの複数形は，地位の高い人物にたいする敬意をあらわしていた。現在では用いない。

929　жела́ть 〚不完〛「望む」。

930　гляде́ть 〚不完〛の副分詞。

931　о́браз 〚男〛「イコン（聖像画）」。

932　поздравля́ю тебя́「（с приня́тием Святы́х Тайн「機密を受けて」）おめでとう」。

933　благода́рствуй「ありがとう」＝ благодарю́, спаси́бо.【19世紀ロシア語】**благода́рство-вать**〚不完〛「感謝する」の単数一人称現在形 **благода́рствую** の語末の母音【u】が脱落した（**здра́вствую ＞ здра́вствуй**）。相手が вы なら благода́рствуйте.

934　как мне тепе́рь хорошо́ ста́ло「私はいまはとてもいい気分になっている」【用法】как мне бы́ло хорошо́「とてもいい気分だった」。

935　непоня́тный 〚形〛「名状しがたい，不可解な」。

936　сла́дость 〚女〛《口語》「喜び」。

937　испы́тывать 〚不完〛《対格「…を」》「感じる，体験する」。

938　лёгкий 〚形〛「かすかな」。

939　игра́ть 〚不完〛「ゆらめく」。

940　ми́лостивый 〚形〛「寛容な，寛大な」。現在ではあまり用いない。

941　не пра́вда ли?「そうでしょう？」

942　всемогу́щий 〚形〛「全能の」。

943　мольба́ 〚女〛「祈り」＝ моли́тва. この意味では現在はあまり用いない。【用法】с жа́дной мольбо́й「懸命に祈るように」。

944　по́лный 〚形〛《生格「…で」》「一杯の」。【文法】по́лными слёз глаза́ми は「道具・手段」の造格。

97

Пото́м вдруг как бу́дто что́-то вспо́мнилось[945] ей. Она́ зна́ками[946] подозвала́[947] к себе́ му́жа.

— Ты никогда́ не хо́чешь сде́лать, что[948] я прошу́, — сказа́ла она́ сла́бым и недово́льным[949] го́лосом.

Муж, вы́тянув[950] ше́ю, поко́рно[951] слу́шал её.

— Что, мой друг?

— Ско́лько раз я говори́ла, что э́ти доктора́[952] ничего́ не зна́ют, есть просты́е лека́рки,[953] они́ вылё́чивают... Вот[954] ба́тюшка говори́л... мещани́н... Пошли́.[955]

— За кем, мой друг?

— Бо́же мой! ничего́ не хо́чет понима́ть!..[956] — И

そのあと，不意に病人は何かを思いだしたかのようであった。合図して夫をそばに呼んだ。

「あなたはわたしがお願いすることをけっしてかなえてくれようとしないわね」彼女は弱々しく不満げな声で言った。

夫は首を突きだして，おとなしく耳を傾けていた。

「なんだね，おまえ」

「何度も言いましたけど，あんな医者たちは何もわかってません，ごくふつうの女祈祷師たちがいて，そのひとたちなら直してくれます……これは神父様が話してくれました……町人ですって……呼びにやってください」

「誰をだって，おまえ」

「あれまあ，なんにもわかってくれようとしないのだから！……」

945　вспо́мниться〚完〛《与「…に」》「思いだされる，記憶に浮かぶ」。

946　знак〚男〛「合図」。【文法】зна́ками「(手や頭で) 合図して」は「道具・手段」の造格。

947　подозва́ть〚完〛《対格「…を」》「(声や身振りで) 呼び寄せる」。

948　что〚関係代名詞〛先行詞の то が略されている。「私がお願いすること」。

949　недово́льный〚形〛「不機嫌な」。【文法】сла́бым и недово́льным го́лосом は「様態」の造格。

950　вы́тянуть〚完〛《対格「…を」》「まっすぐに伸ばす」の副分詞。

951　поко́рно〚副〛「おとなしく」。

952　э́ти доктора́「あの医者たち」。【用法】э́тот は軽蔑・不満をあらわしている。口語では，一人を念頭においた複数形が軽蔑・不満をあらわすこともある。

953　лека́рка〚女〛「女祈祷師」《方言》= знаха́рка.

954　вот〚助詞〛「このこと」= вот э́то.

955　посла́ть〚完〛《対格「…を」за＋造格「…を呼びに」》「派遣する」。пошли́ は посла́ть の命令形（現在形 пошлю́, пошлёшь...）。

956　【用法】ты から３人称単数に代えることにより，相手を無視ないし軽蔑している。

больна́я смо́рщилась и закры́ла глаза́.

Дóктор, подойдя́[957] к ней, взял её зá руку.[958] Пульс заме́тно[959] би́лся[960] слабе́е и слабе́е. Он мигну́л му́жу. Больна́я заме́тила[961] э́тот жест[962] и испу́ганно[963] огляну́лась.[964] Кузи́на отверну́лась и запла́кала.

— Не плачь,[965] не мучь[966] себя́ и меня́,[967] — говори́ла больна́я,— э́то отнима́ет[968] у меня́ после́днее споко́йствие.[969]

— Ты а́нгел! — сказа́ла кузи́на, целу́я[970] её ру́ку.

— Нет, сюда́ поцелу́й, то́лько мёртвых[971] целу́ют в ру́ку. Бóже мой! Бóже мой!

В тот же ве́чер больна́я уже́ была́ те́ло,[972] и те́ло

病人は顔をしかめ，眼をつむった。

医者は，そのそばに寄って，手をとった。脈の打ち方がはっきりと弱まってきていた。医者は夫に目配せをした。病人はこのしぐさに気づき，びっくりしたようにまわりを見まわした。従姉は顔をそむけ，泣きだした。

「泣かないで，ご自分やわたしを苦しめないで」病人は話すのだった。「そんなことをすれば最後の安らぎがわたしからなくなってしまうわ」

「あなたは天使よ！」従姉は，病人の手にキスをしながら言った。

「いいえ，ここにキスをして。死人にたいしてだけよ，手にキスをするのは。ああ神様！　ああ神様！」

その日の晩には病人はすでに遺体となっており，棺にいれられた

957 подойти́〖完〗「近づく」の副分詞。

958 взял её за́ руку「彼女の手をとった」。アクセントは за́ руку。

959 заме́тно〖副〗「めっきり」。

960 би́ться〖不完〗「脈打つ」。

961 заме́тить〖完〗《対格「…に」》「気づく」。

962 жест〖男〗「しぐさ，身振り」。

963 испу́ганно〖副〗「ぎょっとして，びっくりして」。

964 огляну́ться〖完〗《口語》「まわりを見まわす」= осмотре́ться.

965 пла́кать〖不完〗「泣く」の命令形（現在形 пла́чу, пла́чешь...）。

966 му́чить〖不完〗《対格「…を」》「苦しめる」の命令形。

967 【用法】さきほどまでの вы とちがって，ты で相手に話しかけている。

968 отнима́ть〖不完〗《対格「…を」у＋生格「…から」》「取り上げる，奪い取る」。【用法】「…から」は，主体が能動的な行為をおこなう場合は前置詞が у，受動的な行為の場合は от になる。Я получи́л письмо́ от бра́та.「私は兄から手紙を受けとった」。

969 споко́йствие〖中〗「安らぎ，平静」。

970 целова́ть〖不完〗《対格「…に」》「キスする」の副分詞「キスをしながら」（現在形 целу́ю, целу́ешь, ... целу́ют）。〖完〗は поцелова́ть。

971 мёртвый〖男〗мёртвая〖女〗《形容詞変化》「死人」。【文法】мёртвых は複数対格で，活動名詞のため対格＝生格。【用法】ひとつ前の文は целу́я её в ру́ку という構文も可能。【補注】死者にたいしては手や額にキスするが，生者には唇や頬にする。

972 те́ло〖中〗「遺体，遺骸」。【文法】主語の名詞の性と，быть＋名詞という合成述語の名詞の性が異なる場合，後者が強調されているとき以外は，быть の性・数は主語と一致する。通常，述語のほうが主語よりも一般的，抽象的な意味を有している。

в гробу́[973] стоя́ло[974] в за́ле[975] большо́го до́ма. В боль-
шо́й ко́мнате с затво́ренными дверя́ми сиде́л оди́н
дьячо́к[976] и в нос,[977] ме́рным[978] го́лосом, чита́л пе́с-
ни[979] Дави́да. Я́ркий восково́й[980] свет[981] с высо́ких
сере́бряных[982] подсве́чников[983] па́дал[984] на бле́дный
лоб усо́пшей,[985] на тяжёлые[986] восковы́е[987] ру́ки и
окамене́лые[988] скла́дки покро́ва,[989] стра́шно[990] подни-
ма́ющегося[991] на коле́нях и па́льцах[992] ног. Дьячо́к,
не понима́я[993] свои́х слов, ме́рно чита́л, и в ти́хой
ко́мнате стра́нно[994] звуча́ли[995] и замира́ли[996] слова́.
И́зредка из да́льней ко́мнаты долета́ли зву́ки де́т-
ских голосо́в и их то́пота.[997]

«Сокро́ешь лицо́ твоё — смуща́ются, — гласи́л
псалты́рь,[998] — возьмёшь от них дух — умира́ют

遺体は大きな屋敷の広間に安置されていた。閉めきった大きな部屋
にはひとりの輔祭がいて，鼻声で調子をつけてダビデの歌を読誦し
ていた。丈の高い銀の燭台の明るいろうそくの光が，故人の青白い
額や，大きなうす黄色の手，膝や足のつま先のところで恐ろしくも
ちあがっている覆いのこわばった襞に落ちていた。輔祭は，自分の
読んでいる言葉の意味もわからないままに，調子よく読誦しており，
静かな部屋には言葉が異様にひびいては消えていた。ときおり，遠
くの部屋から子どもたちの声のひびきや足音が届いてきた。
　聖詠経は告げるのであった。「汝の顔を隠せば恐れ多い，その気
を取り上ぐれば死して塵に帰る，汝の気を施せば造られ，汝は又地

973 гроб 〚男〛「棺」。

974 【補注】広間でテーブルの上に置かれている。

975 за́ла 〚女〛「(私邸の) 大広間，客間，応接室」。【用法】今日では「(公共用の) ホール」だけでなくこれらの意味でも зал 〚男〛が用いられる。

976 дьячо́к 〚男〛「輔祭」。【補注】司祭を補佐するこの者は，勤行の助手を務めるだけでなく，埋葬などの職務を自分で行なうことができた。輔祭は朗々たるバスの歌い手であることが望まれていた。

977 в нос「鼻にかかった声で」。

978 ме́рный 〚形〛「調子のとれた」。【文法】ме́рным го́лосом は「様態」の造格。

979 песнь 〚女〛「詩」。пе́сни Дави́да「ダビデの歌」。

980 восково́й 〚形〛「蠟 воск の」。

981 свет 〚男〛「光」。

982 сере́бряный 〚形〛「銀 серебро́ の，銀製の」。

983 подсве́чник 〚男〛「燭台」。

984 па́дать 〚不完〛「落ちる」「露などがおりる」「雨などが降る」。

985 усо́пшая 〚女〛《形容詞変化》《雅語》「故人」。

986 тяжёлый 〚形〛「大きな」＝ кру́пный.

987 восково́й 〚形〛「うす黄色の」。

988 окамене́лый 〚形〛「固くなった」。

989 покро́в 〚男〛「棺に掛ける覆い」。

990 стра́шно 〚副〛「こわいほど，不気味に」。

991 поднима́ться 〚不完〛「持ち上がる」の能動形容分詞現在。

992 па́лец 〚男〛「(手足の) 指」。【用法】英語とちがい，ロシア語では手の指も足の指もすべて па́лец。

подсве́чник

993 понима́ть 〚不完〛「理解する」の副分詞。【補注】意味はわからないままに読経している（教会スラヴ語で書かれたものを読んでいるため）。

994 стра́нно 〚副〛「奇妙に」。

995 звуча́ть 〚不完〛「ひびく，鳴る」。

996 замира́ть 〚不完〛「やむ」。

997 то́пот 〚男〛「足音」。

998 гласи́л псалты́рь「聖詠経は告げるのであった」。

и в прах свой извраща́ются. Пошлёшь дух твой — созида́ются и обновля́ют лицо́ земли́. Да бу́дет го́споду сла́ва вове́ки».[999]

Лицо́ усо́пшей бы́ло стро́го,[1000] споко́йно и велича́во.[1001] Ни в чи́стом холо́дном лбе, ни в твёрдо[1002] сло́женных[1003] уста́х[1004] ничто́[1005] не дви́галось. Она́ вся была́ внима́ние.[1006] Но понима́ла ли она́ хоть тепе́рь[1007] вели́кие[1008] слова́ э́ти?

の面を新にす。願わくは光栄は世世に主に在らん」

　故人の顔は端正で安らかで威厳があった。清らかな冷たい額でも、きりっと結ばれた口もとでも、なにひとつ動かなかった。故人は一心に耳を傾けていた。しかし、故人はせめていまでもよいからこの大いなる言葉を理解していたのであろうか。

999 Сокро́ешь лицо́ твоё — смуща́ются, возьмёшь от них дух — умира́ют и в прах свой извраща́ются. Пошлёшь дух твой — созида́ются и обновля́ют лицо́ земли́. Да бу́дет го́споду сла́ва вове́ки.「汝の顔を隠せば恐れ多い，その気を取り上ぐれば死して塵に帰る，汝の気を施せば造られ，汝は又地の面を新にす。願わくは光栄は世世に主に在らん」（日本語訳はロシア正教聖書の『聖詠経　第百三聖詠』より）。

1000 стро́гий〖形〗「端正な」。

1001 велича́вый〖形〗「威厳のある，堂々たる」。

1002 твёрдо〖副〗「固く，しっかりと」。

1003 сложи́ть〖完〗《対格「…を」》「（唇を）結ぶ」の被動形容分詞過去。

1004 уста́〖複〗「口，両唇」= рот. 現在ではあまり用いない。

1005 ничто́〖否定代名詞〗「なにも…ない」。

1006 внима́ние〖中〗「注意，関心」。она́ вся была́ внима́ние「彼女は一心に耳を傾けていた」。

1007 хоть тепе́рь「せめていま，いまでもいいから」。

1008 вели́кий〖形〗「偉大な」。

4

Через ме́сяц над[1009] моги́лой[1010] усо́пшей воздви́-
глась[1011] ка́менная[1012] часо́вня.[1013] Над моги́лой ямщи-
ка́ всё ещё не́ бы́ло ка́мня, и то́лько свѐтло-зелёная[1014]
трава́ пробива́ла[1015] над бугорко́м,[1016] служи́вшим[1017]
еди́нственным[1018] при́знаком[1019] проше́дшего[1020] су-
ществова́ния[1021] челове́ка.

— А[1022] грех тебе́ бу́дет,[1023] Серёга, — говори́ла
раз[1024] куха́рка на ста́нции, — ко́ли ты Хвёдору

ひと月が過ぎ，亡き夫人の墓の上には石造りのお堂が建立された。
御者の墓の上にはあいかわらず墓石はなく，うす緑の草が小さな盛
土の上に生えだしているだけであり，この盛土が過去にひとが存在
していたことをしるす唯一の証になっていた。
「それにしても，フヴョードルに墓石を買ってやらないと罰があた
るよ，セリョーガ」あるとき，駅舎の炊事婦が話した。「言ってた

1009 над〚前置〛《造格》「…の上方に，…を見下ろして」。

1010 моги́ла〚女〛「墓」。

1011 воздви́гнуться〚完〛「そびえ立つ」。【用法】воздвига́ть〚不完〛/ воздви́гнуть〚完〛「(高いものを)築く，建築する」は，стро́ить〚不完〛/ постро́ить〚完〛に比して雅語・文章語的であり，記念碑などを対象とすることが多い。воздви́гнуть〚完〛+ -ся からできた自動詞 воздви́гнуться は現在ではあまり用いない。

1012 ка́менный〚形〛「石造りの」あるいは「煉瓦造りの」。

1013 часо́вня〚女〛「お堂」。

часо́вня

1014 свѐтло-зелёный〚形〛「うす緑色の」。 светло- を添えると「原色に比して淡い・うすい」色になる。

1015 пробива́ть〚不完〛「(草などが)生え出る」= пробива́ться. この意味ではいまはあまり用いない。

1016 бугоро́к は буго́р〚男〛「小さな山・丘，隆起」の指小語。

1017 служи́ть〚不完〛《造格「…の」》「役をする」の能動形容分詞過去。

1018 еди́нственный〚形〛「唯一の」。

1019 при́знак〚男〛「証拠」。

1020 проше́дший〚形〛「過去の」。

1021 существова́ние〚中〛「存在」。

1022 а〚接〛「それにしても」。

1023 грех＋与格＋不定形《口語》「…するのはよくない，いけないことだ」= нехорошо́.

1024 раз〚副〛《口語》「あるとき，かつて」。

ка́мня не ку́пишь. То[1025] говори́л: зима́, зима́, а ны́нче[1026] что ж сло́ва не де́ржишь?[1027] Ведь при мне[1028] бы́ло. Он уж[1029] приходи́л к тебе́ раз[1030] проси́ть, не ку́пишь,[1031] ещё раз придёт, души́ть[1032] ста́нет.

— Да что,[1033] я ра́зве отрека́юсь,[1034] — отвеча́л Серёга, — я ка́мень куплю́, как сказа́л, куплю́, в полтора́ целко́вых[1035] куплю́. Я не забы́л, да ведь[1036] приве́зть на́до. Как слу́чай в го́род бу́дет, так и куплю́.[1037]

— Ты бы хошь[1038] крест[1039] поста́вил,[1040] вот что,[1041] — отозва́лся ста́рый ямщи́к, — а то[1042] впрямь[1043] ду́рно.[1044] Сапоги́-то но́сишь.[1045]

— Где его́ возьмёшь,[1046] крест-то? из поле́на[1047] не

じゃないか，冬だから，冬だから，って。なのにいまになってもいったいどうして守らないんだい。あたしのいる前だったんだよ。フヴョードルはもうおまえのとこに一度頼みにきたんだよ。買わなきゃ，もう一度きて，絞め殺そうとするよ」

「なに言うんだ，おれが約束を破るとでもいうのか」セリョーガは答えた。「墓石は買うよ，言ったとおりだよ，買うよ，一ルーブル半のを買うんだ。おれは忘れてなんかいねえ。なにしろ運んでこなければなんねえんだ。町に行くときがあれば，そんとき買うから」

「せめて十字架だけでも立ててやれや，そうだろ」年寄りの御者が返した。「でないとほんとうによくねえぞ。長靴を履いてるんだし」

「いったいどうやって手に入れろってんだ，十字架なんぞ。薪ぎれ

1025　то〚代〛あとにくる内容を指す。「言ったじゃないの，冬だから，冬だから，と」。

1026　ны́нче〚副〛《口語》「いま」。

1027　держа́ть〚不完〛《対格「…を」》「約束 сло́во を守る」。

1028　ведь при мне бы́ло「私のいる前で言ったんだよ」。

1029　уж〚副〛「すでに」= уже́.

1030　раз〚男〛「(一) 回，(一) 度」。【補注】義務を果たすよう死人がやってくるとの言い伝えが，民衆のあいだにあった。

1031　не ку́пишь「買ってやらないならば」。【文法】無接続詞文。

1032　души́ть〚不完〛「絞め殺す」。

1033　да что「何を言うんだ」。

1034　отрека́ться〚不完〛「(意見・信念などを) 放棄する」。я ра́зве отрека́юсь「おれが本当に約束を守らないとでもいうのかい」。

1035　целко́вый〚男〛《形容詞変化》《俗語》「1 ルーブル」。【文法】полтора́〚集合数詞〛「1.5」は主格・対格のとき，名詞の単数生格があとにつづくが，целко́вый は形容詞変化をするため複数生格になっている。

1036　да ведь《口語》「けれども」。

1037　Как слу́чай в го́род бу́дет, так и куплю́「町へいく機会があったら，買うから」。и は強調。ここの как は когда́, éсли の意味，так は тогда́ の意味。

1038　хошь〚助詞〛《方言》「せめて…でも」= хоть.

1039　крест〚男〛「十字架」。

1040　поста́вить〚完〛《対格「…を」》「立てる，建てる」。

1041　вот что「まさにそういうことだ」。

1042　а то「さもないと」。

1043　впрямь〚副〛《口語》「本当に，実際に」。

1044　【用法】この ду́рно は пло́хо とはちがって「道徳的に悪い」。

1045　носи́ть〚不完〛《対格「…を」》「身につけている，着ている，はいている，かぶっている，はめている」。【用法】носи́ть очки́ / све́тлое пла́тье / сапоги́ / шля́пу / перча́тки「眼鏡をかけている」/「明るい色のドレスを着ている」/「ブーツをはいている」/「帽子をかぶっている」/「手袋をはめている」。

1046　взять〚完〛《対格「…を」》「手に入れる」。где его́ возьмёшь, крест-то「それをどこで手に入れたものやら，十字架なんか」。【用法】ここでは，代名詞で言ってから，名詞にもどしている。また，次の文と同様，一般人称文を用いている。

1047　поле́но〚中〛「(割った) まき 1 本」。

вы́тешешь?[1048]

— Что говори́шь-то! из поле́на не вы́тешешь, возьми́ топо́р да[1049] в ро́щу пора́ньше[1050] сходи́,[1051] вот и вы́тешешь.[1052] Я́сенку ли, что ли,[1053] сру́бишь.[1054] Вот и голубе́ц бу́дет.[1055] А то, поди́,[1056] ещё объе́здчика[1057] пой[1058] во́дкой. За вся́кой дря́нью[1059] пои́ть не нагото́вишься.[1060] Вон[1061] я наме́дни[1062] ва́гу[1063] слома́л,[1064] но́вую вы́рубил[1065] ва́жную, никто́ сло́ва[1066] не сказа́л.

Ра́нним у́тром,[1067] чуть зо́рька,[1068] Серёга взял топо́р и пошёл[1069] в ро́щу.

На всём лежа́л холо́дный ма́товый[1070] покро́в ещё па́давшей,[1071] не освещённой[1072] со́лнцем росы́.[1073]

でこさえられるってもんでもないだろ？」

「なにをほざいてるんだ。薪ぎれでこさえられなきゃ，斧を手にして，なるべく早い時間に林に行ってこい。そしたらつくれるさ。トネリコかなんかを伐るんだ。そうすりゃ，屋根の付いた十字架ができるさ。でないと，出かけて，森番にウオッカをまた飲ませなきゃならんぞ。いちいちくだらんことで飲ませてりゃ，切りがねえ。おれなんかついこのあいだ轅の横木を折っちまったんで，新しい上等なのを伐りだしたが，誰もなんとも言わなかったぞ」

朝早く夜の白々明けに，セリョーガは斧を手に取り，林へと出かけた。

あらゆるものの上に，ひんやりとしたつや消しの露のおおいがかかっていた。露はまだおりつづけており，太陽をあびてはいなかっ

1048　вы́тесать 〚完〛「削って（鉋をかけて）つくる」（現在形 вы́тешу, вы́тешешь...）。【文法】из поле́на が小文字ではじまっているのは，前の箇所と合わせて一つの文のつもり。

1049　да 〚接〛＝ и.

1050　пора́ньше「少しでも早く」。

1051　сходи́ть 〚完〛「行ってくる」。

1052　вот и вы́тешешь「そうすりゃ，削ってつくれるさ」。【文法】из поле́на ではじまる文は無接続詞文「薪ぎれでつくれないなら…」。

1053　я́сенку ли, что ли「トネリコか，なんかを」。я́сенка は я́сень 〚男〛「トネリコ」の指小語か俗語と思われる。

1054　сруби́ть 〚完〛《対格「…を」》「切り倒す」。

1055　голубе́ц 〚男〛《方言》「小屋根の付いた木の十字架」。вот и голубе́ц бу́дет「そうすりゃ，小屋根のついた木の十字架もできよう」。

1056　пойти́「出かける」〚完〛の命令形 пойди́ の俗語。

1057　объе́здчик 〚男〛「見回り人」。

1058　пой は пои́ть 〚不完〛《対格「…に」造格「…を」》「呑ませる」の命令形 пои́ の俗語。【文法】ここの二つの命令形はともに「…しなくてはならない」の意味。「出かけていって，また森番にウオッカを飲ませなくちゃならない」。

1059　за вся́кой дря́нью「いちいちくだらんことが理由で」。

1060　нагото́виться 〚完〛「十分に用意する」（通常否定形で用いる）。не нагото́виться「…しても切りがない」。【文法】一般人称文。

1061　вон は前の文の内容の例示。「たとえば俺はつい最近ながえの横木を折った」。

1062　наме́дни 〚副〛《俗語》「ついさきほど・最近」。

1063　ва́га 〚女〛「(轅の) 横木」。

1064　слома́ть 〚完〛《対格「…を」》「折る」。

1065　вы́рубить 〚完〛《対格「…を」》「選んで伐り倒す」。

голубе́ц

1066　никто́ сло́ва не сказа́л「誰もなんとも言わなかった」。сло́ва は単数生格。【文法】**否定が二重になって強められている場合（никто́...не），直接補語は対格ではなく生格がふつう。**

1067　ра́нним у́тром「早朝」。

1068　чуть 〚接〛《口語》「…するやいなや」。【用法】зо́рька 〚女〛は，заря「朝焼け」の意味で，民話や口語で用いられる。

1069　【用法】пойти́ 〚完・始発〛は「歩きだす」，「出かける」の意味をもつが，後者の意味で過去形が用いられる場合，いま目的地にきている状態を念頭においている場合が少なくない。

1070　ма́товый 〚形〛「無光沢の，きらきらしない」。

1071　па́дать 〚不完〛「降る」の能動形容分詞過去。

1072　освети́ть 〚完〛《対格「…を」》「照らす」の被動形容分詞過去。

1073　роса́ 〚女〛「露」。 ещё па́давшая, не освещённая со́лнцем роса́「まだおりつづけていて，太陽に照らされていない露」。

Восто́к[1074] незаме́тно[1075] ясне́л,[1076] отража́я[1077] свой сла́бый свет на подёрнутом[1078] то́нкими ту́чами[1079] сво́де[1080] не́ба. Ни одна́ тра́вка[1081] внизу́,[1082] ни оди́н лист[1083] на ве́рхней[1084] ве́тви де́рева не шевели́лись.[1085] То́лько и́зредка слы́шавшиеся[1086] зву́ки кры́льев в ча́ще[1087] де́рева и́ли ше́леста[1088] по земле́ наруша́-ли[1089] тишину́[1090] ле́са.[1091] Вдруг стра́нный, чу́ждый[1092] приро́де[1093] звук разнёсся[1094] и за́мер[1095] на опу́шке[1096] ле́са. Но сно́ва послы́шался звук и равноме́рно[1097] стал повторя́ться[1098] внизу́ о́коло ствола́[1099] одного́ из неподви́жных дере́вьев. Одна́ из маку́ш[1100] необы́-ча́йно[1101] затрепета́ла,[1102] со́чные[1103] ли́стья её зашеп-та́ли[1104] что́-то, и мали́новка,[1105] сиде́вшая[1106] на од-но́й из ветве́й её, со сви́стом[1107] перепорхну́ла[1108] два ра́за и, подёргивая[1109] хво́стиком,[1110] се́ла[1111] на друго́е

た。東の空はいつのまにか明けはじめ，うっすらとした雲でおおわれた天空にかすかな光を映していた。足もとの一本の草も，梢の一枚の葉も，そよともしなかった。ときおり聞こえてくる，枝や葉が生い茂った木のなかの翼の音や，地表でかさかさいう音だけが，森の静寂を破っていた。いきなりそこへ，自然とは無縁の奇妙な音が森のはずれでひびきわたり，鳴りやんだ。けれどもまたもや音は聞こえ，不動の樹々のひとつの根方あたりで等間隔にくり返されはじめた。梢のひとつが異様に揺れ，そのみずみずしい葉がなにかささやきはじめ，枝のひとつにとまっていたロビンがチリリと鳴いて二

1074　восто́к 〚男〛「東の空」。

1075　незаме́тно 〚副〛「いつのまにか，こっそり」。

1076　ясне́ть 〚不完〛「明るくなる，夜が明ける」＝ светле́ть.

1077　отража́ть 〚不完〛《対格「…を」》「反射させる」の副分詞。

1078　подёрнуть 〚完〛《対格「…を」造格「…で」》「薄くおおう」の被動形容分詞過去。

1079　ту́ча 〚女〛「黒雲，雨雲」。

1080　свод 〚男〛「円天井」。подёрнутый то́нкими ту́чами свод не́ба「うっすらとした雨雲によっておおわれた大空」。

1081　тра́вка は трава́〚女〛「草」の指小語。

1082　внизу́ 〚副〛「下部で，下方で」↔ вверху́, наверху́「上部で，上方で」。

1083　лист 〚男〛「(植物の) 葉」。(複数は ли́стья)。

1084　ве́рхний 〚形〛《軟変化》「上方の」↔ ни́жний「下方の」。

1085　шевели́ться 〚不完〛「かすかに揺れる」。

1086　слы́шаться 〚不完〛「聞こえる」の能動形容分詞過去。

1087　ча́ща 〚女〛「茂み」「1本の木に枝や葉が生い茂った状態」。ここの ча́ща де́рева は，一本の木において枝や葉などの密生した状態を指している。

1088　ше́лест 〚男〛「さらさら・かさかさ鳴る音」。ше́лест по земле́「地面の上を動いてかさかさする音」。

1089　наруша́ть 〚不完〛《対格「…を」》「(静けさを) 破る」。

1090　тишина́ 〚女〛「静けさ，静寂」。

1091　【用法】この лес は ро́ща も含めた概念で用いられている。

1092　чу́ждый 〚形〛《与「…に」》「無縁の」。

1093　приро́да 〚女〛「自然」。

1094　разнести́сь 〚完〛「ひびきわたる」(過去形 разнёсся, разнесла́сь...)。

1095　замере́ть 〚完〛「(音がしだいに) 鳴りやむ」(過去形 за́мер, замерла́, за́мерло...) ＝ зати́хнуть.

1096　опу́шка 〚女〛「森・林のはずれ」。на опу́шке ле́са「森のはずれ・入り口で」。

1097　равноме́рно 〚副〛「均等に」。

1098　повторя́ться 〚不完〛「繰り返される」。

1099　ствол 〚男〛「幹」。

1100　маку́ша は маку́шка 〚女〛「梢」の方言。

1101　необыча́йно 〚副〛「異常に，異様に」。

1102　затрепета́ть 〚完〛「ふるえ・ゆれはじめる」。

1103　со́чный 〚形〛「みずみずしい」。

1104　зашепта́ть 〚完〛「ささやきはじめる」。

1105　мали́новка 〚女〛「ロビン，ヨーロッパコマドリ」。

1106　сиде́ть 〚不完〛「(鳥が) とまっている」の能動形容分詞過去。

1107　свист 〚男〛「(小鳥の) さえずる声」。

1108　перепорхну́ть 〚完〛「飛び移る」。

1109　подёргивать 〚不完〛《造格「…を」》「動かす」の副分詞。

де́рево.

Топо́р ни́зом[1112] звуча́л глу́ше и глу́ше,[1113] со́чные бе́лые ще́пки лете́ли на роси́стую[1114] траву́, и лёгкий треск[1115] послы́шался из-за уда́ров.[1116] Де́рево вздро́гнуло[1117] всем те́лом, погну́лось[1118] и бы́стро вы́прямилось,[1119] испу́ганно колеба́ясь[1120] на своём ко́рне.[1121] На мгнове́нье[1122] всё зати́хло, но сно́ва погну́лось де́рево, сно́ва послы́шался треск в его́ стволе́, и, лома́я[1123] су́чья[1124] и спусти́в[1125] ве́тви, оно́ ру́хнулось[1126] маку́шей на сыру́ю зе́млю.[1127] Зву́ки топора́ и шаго́в зати́хли. Мали́новка сви́стнула[1128] и вспорхну́ла[1129] вы́ше. Ве́тка, кото́рую она́ зацепи́ла[1130] свои́ми кры́льями, покача́лась[1131] не́сколько вре́мени и замерла́,[1132] как и други́е, со все́ми свои́ми ли́стьями.

度飛び移り，尾をふりながら別の樹にとまった。
　斧のひびきは下のほうでますますにぶくなっていき，みずみずしい白い木っ端が露をおびた草の上にとんだ。少し裂けるような音が，斧を打つたびに聞こえた。樹は全身をぶるっと震わせたかと思うと，少したわんだが，根もとを驚いたように揺らせながらもすばやくまっすぐにもどった。一瞬すべてが静まりかえったが，またもや樹はたわみ，またもや幹がめりっと音をたてた。大枝を折り，小枝をたらしながら，樹は梢から大地にどっと倒れおちた。斧の響きと足音が聞こえなくなった。ロビンがチリと一声鳴いて，高く羽ばたいた。ロビンが翼をひっかけた小枝は，しばらく揺れたあと，ほかの小枝とおな

1110 хво́стик は хвост〖男〗「尾」の指小語。

1111 сесть〖完〗「すわる」ではなく、「とまる」。

1112 ни́зом〖副〗「下方で」↔ ве́рхом「上方で」。

1113 глу́ше は глу́хо〖副〗「にぶく、あまりひびかなく」の比較級。

1114 роси́стый〖形〗「露にぬれた、露の多い」。< роса́+истый.

1115 треск〖男〗「ぱちぱち折れる・割れる・裂ける音」。

1116 уда́р〖男〗「打撃」。из-за уда́ров「斧の打撃のせいで」。【用法】из-за〖前置〗《生》「…のせいで」↔ благодаря́〖前置〗《与》「…のおかげで」。

1117 вздро́гнуть〖完・一回〗「身ぶるいする、びくっとする」。【文法】всем те́лом は「動作者の身体の一部をあらわす」造格。

1118 погну́ться〖完〗「すこし曲がる・たわむ」。

1119 вы́прямиться〖完〗「まっすぐになる、姿勢を正す」。

1120 колеба́ться〖不完〗「振動する、ゆれる」の副分詞。

1121 ко́рень〖男〗「（植物の）根」。на ко́рне「根のところで」。

1122 на мгнове́нье「一瞬」。

1123 лома́ть〖不完〗《対格「…を」》「折る」の副分詞。

1124 сук〖男〗「（幹から直接生えている）大枝」（複数 су́чья, су́чьев...）。【用法】「小枝」は ве́тка。ветвь「枝」も「小枝」を指すことがある。

1125 спусти́ть〖完〗《対格「…を」》「降ろす、下げる」の副分詞。

1126 ру́хнуться〖完〗《口語》「音を立てて倒れる」= ру́хнуть. 現在ではあまり用いない。
【文法】маку́шей は「動作者の身体の一部をあらわす」造格。

1127 сыра́я земля́. 直訳すれば「湿れる大地」だが、「湿れる」は枕詞。

1128 сви́стнуть〖完・一回〗「ピーと鳴く」。т は発音されない。

1129 вспорхну́ть〖完〗「飛び立つ、舞い上がる」。

1130 зацепи́ть〖完〗《対格「…を」》「（移動の際に）偶然に引っかける」。【文法】свои́ми кры́льями は「動作者の身体の一部をあらわす」造格。

1131 покача́ться〖完〗「しばらくの間揺れ動く」。не́сколько вре́мени「しばらく」と呼応。

1132 замере́ть〖完〗「動かなくなる」（過去形 за́мер, замерла́, за́мерло...）。

Дере́вья ещё ра́достнее[1133] красова́лись[1134] на но́вом просто́ре[1135] свои́ми неподви́жными ветвя́ми.

Пе́рвые лучи́[1136] со́лнца, проби́в[1137] сквози́вшую[1138] ту́чу, блесну́ли[1139] в не́бе и пробежа́ли по земле́ и не́бу. Тума́н волна́ми[1140] стал перелива́ться[1141] в лощи́нах,[1142] роса́, блестя́,[1143] заигра́ла[1144] на зе́лени,[1145] прозра́чные побеле́вшие[1146] ту́чки[1147] спеша́[1148] разбега́лись[1149] по сине́вшему[1150] сво́ду. Пти́цы гомози́лись[1151] в ча́ще и, как потеря́нные,[1152] щебета́ли[1153] что́-то счастли́вое; со́чные ли́стья ра́достно и споко́йно[1154] шепта́лись[1155] в верши́нах,[1156] и ве́тви живы́х де́рев ме́дленно, велича́во[1157] зашевели́лись[1158] над мёртвым, пони́кшим[1159] де́ревом.

じように，すべての葉もろとも動かなくなった。樹々は，できたばかりの空間に，その不動の枝をますます喜ばしげにひけらかしていた。

太陽の最初の光が，薄い雨雲をつらぬき，空にさっとひらめき，大地と大空を駆けぬけた。霧は波のように重なり合って窪地にあふれ，露はきらきらと緑の葉や草の上でゆらめき，白んできた透明の雲は青みをました天空に急いで駆け散じていた。小鳥たちは茂みのなかでうごめき，夢中でしあわせそうにさえずっていた。みずみずしい木の葉は喜ばしげにのどかに梢でささやきあっており，生ける樹々の枝は，死せる倒れた樹を見下ろして，おもむろかつ堂々とそよぎはじめた。

1133　ра́достнее は ра́достно〚副〛「喜ばしげに」の比較級。ещё ра́достнее.《ещё ＋比較級》「ますますうれしげに」。

1134　красова́ться〚不完〛《造格「…を」》「見せびらかす」。

1135　просто́р〚男〛「（さえぎるもののない）広大な空間」。

1136　луч〚男〛「（一条の）光，光線」。

1137　проби́ть〚完〛《対格「…を」》「突き抜ける」の副分詞。

1138　сквози́ть〚不完〛「（光が）隙間からもれる」の能動形容分詞過去。сквози́вшая ту́ча「薄い雨雲」。

1139　блесну́ть〚完・一回〛「輝く」。

1140　волна́〚女〛「波」。【文法】волна́ми / во́лнами「波のように重なり合って」は「様態」の造格。ロシアのオーディオブックの二通りの朗読ではアクセントの位置がわかれている。

1141　перелива́ться〚不完〛「あふれる」。

1142　лощи́на〚女〛「低地，窪地」。

1143　блесте́ть〚不完〛「輝く」の副分詞。

1144　заигра́ть〚完〛「輝きだす」。

1145　зе́лень〚女〛「青草，草木，緑の樹木」。

1146　побеле́ть〚完〛「白くなる，白む」の能動形容分詞過去。

1147　ту́чка は ту́ча の指小語。

1148　спеши́ть〚不完〛の副分詞だが，副詞扱い。

1149　разбега́ться〚不完〛「方々に散る」。

1150　сине́ть〚不完〛「青くなる」の能動形容分詞過去。

1151　гомози́ться〚不完〛《方言》「うごめく，動きまわる」。

1152　поте́рянный〚形〛「放心したような，我を忘れたような」。

1153　щебета́ть〚不完〛「さえずる」。

1154　споко́йно〚副〛「静かに，穏やかに」。

1155　шепта́ться〚不完〛「ささやき合う」。【文法】шепта́ть や целова́ть に -ся が付くと，「一方が他方に…する」ではなく「たがいに…し合う」という意味になる。

1156　верши́на〚女〛「てっぺん，梢」。

1157　велича́во〚副〛「堂々と」。

1158　зашевели́ться〚完〛「かすかに動きだす」。

1159　пони́кнуть〚完〛「ゆっくりと倒れる，横たわる」の能動形容分詞過去。

動詞一覧

（『プログレッシブ　ロシア語辞典』小学館に準拠し，『三つの死』に出てくるすべての動詞を重要度別に区分）

①最重要語（約 3400 語）

бежа́ть〘不完・定〙走る
би́ться〘不完〙脈打つ，ぶつかる
блесну́ть〘完・一回〙輝く
блесте́ть〘不完〙輝く
боле́ть〘不完〙痛む
боя́ться〘不完〙危惧する，心配する
брать〘不完〙連れていく，手に取る
быва́ть〘不完〙よくある・いる・生じる
быть〘不完〙…である，いる，ある
везти́〘不完・定〙（乗り物で）運んでいく
веле́ть〘不完・完〙命じる
вести́〘不完〙…をする
взгля́дывать〘不完〙ちらちら見る
вздохну́ть〘完〙ため息をつく
вздыха́ть〘不完〙ため息をつく
взять〘完〙手に取る，つかむ，受け取る
ви́деть〘不完〙見る，会う
возрази́ть〘完〙反論する
войти́〘完〙（中へ）入る
вспо́мниться〘完〙思いだされる
встать〘完〙立つ
встре́тить〘完〙会う
встреча́ть〘不完〙出迎える，会う
входи́ть〘不完〙（中へ）入る
вы́йти〘完〙（外に・ある場所に）出ていく
вы́нести〘完〙耐える，運び出す
выража́ть〘不完〙表現する，示す
гляде́ть〘不完〙見る
гнать〘不完・定〙勢いよく走らせる，追う
говори́ть〘不完〙言う，話す
дава́ть〘不完〙…させる，あたえる
дать〘完〙…させる，あたえる
дви́гаться〘不完〙動く，移動する
де́лать〘不完〙つくる，する
держа́ть〘不完〙ある位置に保つ
догоня́ть〘不完〙追いつく
дое́хать〘完〙（…まで）行く
дожда́ться〘完〙待つ
дожида́ться〘不完〙待つ
дойти́〘完〙（…まで）行く
доста́ть〘完〙取る，取り出す
ду́мать〘不完〙思う，考える
дуть〘不完〙吹く
дыша́ть〘不完〙呼吸する
е́хать〘不完・定〙乗っていく，（乗り物が）走る
ждать〘不完〙待つ
жела́ть〘不完〙望む
жить〘不完〙生きる
забы́ть〘完〙忘れる
за́втракать〘不完〙朝食・軽い昼食をとる

119

заглянуть 〖完〗のぞく
зайти 〖完〗立ち寄る
закричать 〖完〗叫び声を上げる
закрыть 〖完〗閉じる
заметить 〖完〗気づく
занять 〖完〗占める，占領する
звучать 〖不完〗ひびく
знать 〖不完〗知っている
значить 〖不完〗…を意味する
играть 〖不完〗(ほほ笑みなどが)浮かぶ，遊ぶ
идти 〖不完・定〗歩く，(乗り物が) 走る
извинить 〖完〗許す
иметь 〖不完〗もっている
испугать 〖完〗おどかす
испытать 〖完〗体験する
испытывать 〖不完〗体験する
кашлять 〖不完〗咳をする
класть 〖不完〗置く
кончиться 〖完〗終わる
крикнуть 〖完〗どなりつける，叫ぶ
купить 〖完〗買う
лежать 〖不完〗横たわる，おいてある
лететь 〖不完・定〗飛ぶ
ломать 〖不完〗折る
любить 〖不完〗愛する
мешать 〖不完〗妨げる，かき混ぜる
молиться 〖不完〗祈る
молчать 〖不完〗黙っている
мочь 〖不完〗…できる
надеяться 〖不完〗期待する，あてにする
напоминать 〖不完〗思いださせる
направиться 〖完〗行く，出かける
нарушать 〖不完〗(静けさを) 破る
носить 〖不完〗身につけている
обедать 〖不完〗食事をとる
обращаться 〖不完〗話しかける，呼びかける
опустить 〖完〗降ろす，(目などを) 伏せる
осветить 〖完〗照らす

оставаться 〖不完〗残る，とどまる
оставить 〖完〗置いてくる，置き去る
остановиться 〖完〗止まる
остаться 〖完〗残る，とどまる
ответить 〖完〗答える
отвечать 〖不完・完〗答える
отдать 〖完〗譲る
отдохнуть 〖完〗休む，息抜きをする
отказать 〖完〗断る，拒否する
открыть 〖完〗開ける
отнимать 〖不完〗取り上げる，奪い取る
отражать 〖不完〗反射させる
отстать 〖完〗離れる，取り残される
оценить 〖完〗評価する，判断をくだす
падать 〖不完〗落ちる；露などがおりる；雨
　　などが降る
пахнуть 〖不完〗匂いがする
перевесть 〖完〗運んで移す
пить 〖不完〗飲む
плакать 〖不完〗泣く
побежать 〖完〗駆けだす
повернуть 〖完〗向ける
повернуться 〖完〗向きを変える
повёртывать 〖不完〗まわす
повторить 〖完〗繰り返す
подать 〖完〗…に出す，指し出す
поднимать 〖不完〗上げる
подниматься 〖不完〗上がる，持ち上がる
поднять 〖完〗上げる
подняться 〖完〗上がる
подойти 〖完〗近づく
подумать 〖完〗思う，思いつく
подходить 〖不完〗近づく
поехать 〖完〗(乗り物で) 出かける
позвать 〖完〗呼ぶ
поздравлять 〖不完〗祝福する
пойти 〖完〗出かける
покрыть 〖完〗おおう

помо́чь 〘完〙手伝う，助ける

понижа́ть 〘不完〙低める

понима́ть 〘不完〙理解する

поня́ть 〘完〙理解する

пообеща́ть 〘完〙約束する

попра́виться 〘完〙健康を回復する，天気がよくなる

попро́бовать 〘完〙試みる

попроси́ть 〘完〙頼む・乞う

попыта́ться 〘完〙試みる

посла́ть 〘完〙（…を呼びに）派遣する

послу́шать 〘完〙言うことを聞く

посмотре́ть 〘完〙見る

поста́вить 〘完〙立てる，建てる

потяну́ть 〘完〙伸ばしはじめる

поцелова́ть 〘完〙キスをする

преврати́ться 〘完〙変わる

приве́зть 〘完〙（乗り物で）運んでくる

пригота́вливать 〘不完〙心の準備をさせる，覚悟をさせる

пригото́вить 〘完〙心の準備をさせる，覚悟をさせる

прийти́ 〘完〙やってくる

прийти́сь 〘完〙（寸法が）合う

приказа́ть 〘完〙命じる

принести́ 〘完〙持ってくる

приходи́ть 〘不完〙やってくる

продолжа́ть 〘不完〙…し続ける

пройти́ 〘完〙通っていく，通過する

пропусти́ть 〘完〙通過させる，通す

проси́ть 〘不完〙頼む，乞う

просну́ться 〘完〙目がさめる

прости́ть 〘完〙許す

прости́ться 〘完〙許される

разгова́ривать 〘不完〙会話をする

разделя́ть 〘不完〙分ける

расска́зывать 〘不完〙話す，物語る

сади́ться 〘不完〙乗る，すわる

своди́ть 〘不完〙連れていく

сде́лать 〘完〙つくる，する

сде́латься 〘完〙なる，起こる

сесть 〘完〙すわる，乗る，（鳥が）とまる

сиде́ть 〘不完〙乗っている，座っている，（鳥が）止まっている，ある状態にある，じっとしている

сказа́ть 〘完〙言う

скрыва́ться 〘不完〙姿を消す

следи́ть 〘不完〙（動くものを）目で追う

сложи́ть 〘完〙（手足を）組む

слома́ть 〘完〙折る

служи́ть 〘不完〙…の役をする

слу́шать 〘不完〙聞く，従う

слы́шать 〘不完〙聞く

смотре́ть 〘不完〙見る

снять 〘完〙脱ぐ

спать 〘不完〙眠る

спеши́ть 〘不完〙急ぐ

спра́шивать 〘不完〙会見を求める，たずねる，要求する

спроси́ть 〘完〙会見を求める，たずねる，要求する

стара́ться 〘不完〙務める，努力する

стать 〘完〙…しはじめる，なる

стоя́ть 〘不完〙立っている，(物が)おいてある

счита́ть 〘不完〙みなす

тере́ть 〘不完〙こする

тро́гать 〘不完〙かまう，触れる

убега́ть 〘不完〙（車窓の外の事物が）さっと通りすぎていく，遠ざかっていく，走り去る

уби́ть 〘完〙殺す

удержа́ть 〘完〙引きとめる

уйти́ 〘完〙去る

ука́зывать 〘不完〙指さす

улыба́ться 〘不完〙ほほえむ

уме́ньшить 〘完〙小さくする，減らす

умере́ть 〘完〙死ぬ

уме́ть 〚不完〛…できる

умира́ть 〚不完〛死ぬ

употреби́ть 〚完〛行使する，駆使する

успоко́ить 〚完〛なだめる

успоко́иться 〚完〛落ち着く

уста́ть 〚完〛疲れる

уходи́ть 〚不完〛消える，入り込む

ходи́ть 〚不完・不定〛歩く

хоте́ть 〚不完〛…したがる

целова́ть 〚不完〛キスをする

чита́ть 〚不完〛読む，読誦する

чу́вствовать 〚不完〛感じる，…の気分である

②重要語（約3000語）

верну́ться 〚完〛戻る

вида́ть 〚不完〛見る，会う

влеза́ть 〚不完〛よじのぼる

влезть 〚完〛よじのぼる

вноси́ть 〚不完〛運びこむ

вози́ться 〚不完〛（仕事に）精をだす

въе́хать 〚完〛乗り入れる

вы́бежать 〚完〛走って外に出る

вы́рости 〚完〛生えてくる

вы́скочить 〚完〛飛びだす

вы́тянуть 〚完〛まっすぐに伸ばす

гласи́ть 〚不完〛告げる

дави́ться 〚不完〛息が詰まりそうになる

доложи́ть 〚完〛報告する

дрема́ть 〚不完〛うとうとする

заверну́ть 〚完〛包む，くるむ

завяза́ть 〚完〛結ぶ

закла́дывать 〚不完〛（馬車に）馬をつける，
…のうしろにおく

заложи́ть 〚完〛（馬車に）馬をつける，…のう
しろにおく

замере́ть 〚完〛やむ，動かなくなる

замира́ть 〚完〛やむ，動かなくなる

запла́кать 〚完〛泣きだす

ка́пать 〚不完〛したたり落ちる

колеба́ться 〚不完〛振動する，ゆれる

крести́ться 〚不完〛十字を切る

ма́зать 〚不完〛塗る

му́чить 〚不完〛苦しめる

нагну́ться 〚完〛前方が下に向かって曲がる

натя́гивать 〚不完〛引っ張ってかぶる

обновля́ть 〚不完〛更新する

огля́дываться 〚不完〛ふり返って見る，まわ
りを見まわす

огляну́ться 〚完〛ふり返って見る，まわりを
見まわす

опусти́ться 〚完〛落ちる

перебива́ть 〚不完〛（言葉を）遮る

переверну́ться 〚完〛寝返りを打つ

перекрести́ться 〚完〛十字を切る

повторя́ться 〚不完〛繰り返される

погля́дывать 〚不完〛ときどき見る

подбира́ть 〚不完〛きつく締める，拾い集める

подобра́ть 〚完〛きつく締める，拾い集める

пожа́ть 〚完〛握る

пои́ть 〚不完〛呑ませる

покача́ться 〚完〛しばらくの間揺れ動く

поправля́ть 〚不完〛直す，整える

постоя́ть 〚完〛しばらく立っている

приба́вить 〚完〛付け足す

приложи́ть 〚完〛押しあてる

пробива́ть 〚不完〛（草などが）生え出る，突
き抜ける

проби́ть 〚完〛突き抜ける

пробормота́ть 〚完〛小声であいまいにつぶやく

проговори́ть 〚完〛発する，声に出す

прошепта́ть 〚完〛しばらくささやく・小声で
言う

разреша́ться 〚不完〛（ある結末に）終わる

расстро́ить 〚完〛気を滅入らせる

руби́ть 〚不完〛（いくつかに）切る

свети́ть 〚不完〛光を発する

свúстнуть〚完・一回〛ピーと鳴く

слезáть〚不完〛降りる

слезть〚完〛降りる

смущáться〚不完〛当惑する

сносúть〚不完〛耐え忍ぶ

спустúть〚完〛降ろす，下げる

уговорúть〚完〛説得する

уперéться〚完〛寄りかかる

усúлиться〚完〛強まる

установúться〚完〛安定する，固まる

шевелúться〚不完〛かすかに揺れる

шептáть〚不完〛ささやく，つぶやく

шептáться〚不完〛ささやき合う

щебетáть〚不完〛さえずる

щýпать〚不完〛（手で触ったり押したりして）
　調べる

③その他

бурчáть〚不完〛ごぼごぼ・どくどく音を立てる

взбежáть〚完〛駆け上がる

вздрóгнуть〚完〛急に震える

взмахнýть〚完〛勢いよくふり上げる

визжáть〚不完〛きゃあきゃあ叫ぶ

воздвúгнуться〚完〛建立される

ворóчаться〚不完〛寝返りを打つ

вскúдывать〚不完〛すばやく上に上げる

всмáтриваться〚不完〛じっと見入る

вспорхнýть〚完〛飛び立つ，舞い上がる

встряхнýть〚完〛勢いよく振る

выбивáться〚不完〛はみ出る

вúговорить〚完〛口に出す

вúкашляться〚完〛咳ばらいをする，咳をし
　て痰などを吐き出す

вылéчивать〚不完〛全快させる

вúлечить〚完〛全快させる

вúпрямиться〚完〛まっすぐになる，姿勢を
　正す

вúрубить〚完〛選んで伐り倒す

вúстрадать〚完〛いろいろ苦しい思いをする

вúсунуть〚完〛突き出す

вúтесать〚完〛削って作る

гомозúться〚不完〛うごめく，動きまわる

долетáть〚不完〛達する，伝わる

душúть〚不完〛絞め殺す

жáться〚不完〛ちぢこまる，へばりつく

журчáть〚不完〛（流水が）さらさら・ざわざ
　わ音を立てる

заигрáть〚完〛（光が）輝きだす

замахнýться〚完〛勢いよく振り上げる

затворúть〚完〛閉じる

затúхнуть〚完〛静かになる，声や音を出さな
　くなる

затрепетáть〚完〛ふるえ・ゆれはじめる

затрещáть〚完〛早口でまくしたてはじめる

зацепúть〚完〛引っかける

зашевелúться〚完〛かすかに動きはじめる

зашептáть〚完〛ささやきはじめる

избúть〚完〛はきつぶす

извращáться〚不完〛帰る

изнúть〚完〛だめになる，疲れ切っている

изогнýться〚完〛（唇などが）ゆがむ

исказúться〚完〛（顔などが）ゆがむ，引きつる

испúть〚完〛すこし・ちょっと飲む

качáться〚不完〛揺れる

краснéться〚不完〛赤みがさす，紅潮する

красовáться〚不完〛見せびらかす

кряхтéть〚不完〛うめく

курчáвиться〚不完〛小さくカールする，ちぢ
　れて小さな輪になる

кусáть〚不完〛咬む

макáть〚不完〛浸す，つける

мéшкать〚不完〛ぐずぐずする

мигнýть〚完・一回〛目配せする

мокрéть〚不完〛濡れる，湿る

нагнýть〚完〛曲げる，傾ける

наготóвиться〚完〛十分に用意する

надрыва́ться 〚不完〛大声でうめく

найти́ 〚完〛（感情が）襲う

наки́нуть 〚完〛羽織る

namо́рщиться 〚完〛自分のひたいにしわをよせる，顔をしかめる

напома́дить 〚完〛ポマードを塗る

нахму́риться 〚完〛まゆをひそめる

обложи́ть 〚完〛囲む，ふちどる

облокоти́ться 〚完〛ひじをつく

обора́чивать 〚不完〛（ある方向に）向ける

обтя́гивать 〚不完〛おおう

объезжа́ть 〚不完〛…のまわり・脇を走る

оки́дывать 〚不完〛子細に見る

опра́вить 〚完〛整える

оправля́ть 〚不完〛整える

опроста́ть 〚完〛空にする

отверну́ться 〚完〛顔をそむける，背を向ける

отви́снуть 〚完〛垂れさがる，たるむ

отвори́ть 〚完〛開ける

отере́ть 〚完〛拭く

отере́ться 〚完〛自分の体を拭く

откли́ка́ться 〚不完〛応答する

отозва́ться 〚完〛応答する

отойти́ 〚完〛離れる

отрека́ться 〚不完〛（約束などを）破る

отта́лкивать 〚不完〛押しのける

перегну́ться 〚完〛身を曲げる，体を半分に折る

переговари́ваться 〚不完〛言葉を交わし合う

перелива́ться 〚不完〛あふれる，（液体が揺られて）ごぼごぼ動く

перемина́ться 〚不完〛もじもじする

перепорхну́ть 〚完〛飛び移る

побеле́ть 〚完〛白くなる，白む

погну́ться 〚完〛すこし曲がる・たわむ

подави́ть 〚完〛抑える

подбараба́нивать 〚不完〛こきざみにコトコトたたく

подбры́кнуть 〚完・一回〛（馬が体の後部・脚を軽くはね上げる

подда́кивать 〚不完〛相づちを打つ

подёргивать 〚不完〛動かす

подёргиваться 〚不完〛ときどき・軽く痙攣する

подёрнуть 〚完〛薄くおおう

подозва́ть 〚完〛呼び寄せる

подпа́рхивать 〚不完〛近くに跳び移る

подпи́скивать 〚不完〛ちゅんちゅんさえずる

подсе́сть 〚完〛…に近づきすわる

подсоби́ть 〚完〛助ける，援助する

покати́ться 〚完〛（馬車・自動車などが）走りだす

пока́чивать 〚不完〛ときどき・軽く揺さぶる，数回振る

пока́чиваться 〚不完〛ときどき・軽く揺れる

пока́шливать 〚不完〛数回咳をする

покри́кивать 〚不完〛ときどき叫ぶ・大声を上げる

покры́ться 〚完〛おおわれる

полиня́ть 〚完〛色褪せる

поли́ться 〚完〛流れ出す

пома́зать 〚完〛少し塗る

помере́ть 〚完〛死ぬ

пони́кнуть 〚完〛うなだれる

послы́шаться 〚完〛聞こえる

постеле́ть 〚完〛敷く

потира́ть 〚不完〛ときどきこする

потя́гиваться 〚不完〛伸びをする

похорони́ть 〚完〛埋葬する

поча́ть 〚完〛…しはじめる

приве́сить 〚完〛吊るす，ぶらさげる

прикаса́ться 〚不完〛軽く触れる

припа́сть 〚完〛押しつける

приподнима́ться 〚不完〛ちょっと腰を上げる

приподня́ться 〚完〛ちょっと腰を上げる

причасти́ться 〚完〛御聖体をいただく

пробежа́ть 〚完〛駆け抜ける

прожёвывать 〚不完〛かみこなす

プロクリ прокрича́ть 〚完〛大声で言う

прорва́ть 〚完〛破る,(使い古して)穴をあける

простона́ть 〚完〛しばらく・すこしのあいだ
　　うめき声を上げる

пу́хнуть 〚不完〛ふくらむ

разбега́ться 〚不完〛方々に散る

разнести́сь 〚完〛ひびきわたる

ру́хнуться 〚完〛音を立てて倒れる

сбира́ться 〚不完〛(力・考えなどを)集中する

сви́снуть 〚完〛垂れる

серча́ть 〚不完〛腹を立てる

сине́ть 〚不完〛青くなる

сквози́ть 〚不完〛(光が) 隙間からもれる

ски́нуть 〚完・一回〛脱ぐ

слы́шаться 〚不完〛聞こえる

смо́рщиться 〚完〛顔をしかめる

созида́ться 〚不完〛創造される

сокры́ть 〚完〛隠す

сруби́ть 〚完〛切り倒す

стла́ться 〚不完〛(表面を) おおう, 広がる

схвати́ться 〚完〛ひっつかむ

сходи́ть 〚完〛行ってくる

сы́паться 〚不完〛ふりかかる

топта́ться 〚不完〛足踏みする

укры́ть 〚完〛(すっぽり) 覆う

хвати́ться 〚完〛(…が (い) ないのに) 気
　　づく

хорони́ть 〚不完〛葬る

хрипе́ть 〚不完〛ぜいぜい言う

швырну́ть 〚完・一回〛勢いよく・ぞんざいに
　　投げ捨てる

ясне́ть 〚不完〛明るくなる, 夜が明ける

解説に代えて

　レフ・ニコラエヴィチ・トルストイ Лев Никола́евич Толсто́й（1828-1910）
は，この短篇小説『三つの死』に 1858 年 1 月に着手し，数日で書きあげまし
た。翌年初頭には雑誌に掲載されています。
　1852 年発表の『幼年時代』がデビュー作ですから，『三つの死』もまだ初期
の作品ということになるのかもしれません。
　長篇小説『戦争と平和』が発表されるのは，もう少しあとの 1865 年から
1869 年にかけての頃です。
　この『三つの死』についてトルストイは，知人「アレクサンドリーヌおばさ
ん」（アレクサンドラ・トルスタヤ伯爵夫人）宛の手紙のなかで，つぎのよう
に記しています。

　　　わたしの考えはこうでした。すなわち，三つの生き物が死にました──
　　地主貴族夫人と百姓と樹木です。地主貴族夫人はみじめで醜悪です。生涯
　　にわたって嘘をついてきており，死に直面しても嘘をついています。彼女
　　が理解しているかぎりのキリスト教は，生と死の問題を彼女のために解決
　　できません。生きたいのに，なぜ死なねばならぬのか？　キリスト教の来
　　世の約束を彼女は想像や知性でもって信じてはいますが，彼女の全身全霊
　　は頑として受けつけていません。彼女には（偽のキリスト教的な安らぎ以
　　外に）ほかの安らぎは存在しません──席はふさがっているのです。彼女
　　は醜悪でみじめです。
　　　百姓は安らかに死んでいきます。それはまさに彼がキリスト教徒ではな
　　いからです。彼は習慣に基づきキリスト教的な儀礼を行なってはいました

が，彼の宗教は別ものです。彼の宗教とは，共に生きてきた自然なのです。彼はみずから樹木を伐り，ライ麦をまき，刈り入れ，羊を殺してきました。また，彼のもとで羊が生まれ，わが子が生まれ，老人が死にました。彼は，この法則をしかと心得ており，まっすぐに見すえるだけであり，地主貴族夫人のように背を向けたりはけっしてしませんでした。〔……〕

　　樹木は悠然と，実直に，美しく死んでいきます。美しくです——というのも，嘘をつかず，折れることもなく，恐れず，悔やんでもいないからです。
（1858 年 5 月 1 日）

　こうした手紙からは，トルストイがすでにこの頃から抱きはじめていた独自の宗教観や自然観の一端が見てとれるでしょう。
『三つの死』は，膨大な数のトルストイの作品のなかでは注目度はさほど高くないといえますが，こうした宗教観や自然観，とりわけ自然観は今日でこそ見直されてしかるべきではないでしょうか。
　じつは 1960 年代以降は，この『三つの死』は，トルストイの世界観との関係においてよりも，その創作方法あるいは詩学の面でよく知られています。ロシアの思想家・文芸学者のミハイル・バフチン（1895-1975）が『ドストエフスキーの詩学の問題』（1963 年）において，『三つの死』を「ポリフォニー」の対極にすえたことがきっかけでした。
　ただ，そのバフチンは 1920 年代なかばにすでに『三つの死』に言及していました。当時のバフチンは，生活の糧の足しにいろいろな機関や個人宅において文学や哲学にかんする講義を行なっていました。トルストイの一連の作品についてもとりあげています。聞き手は数人のことが多かったようですが，そのうちのひとりである R・M・ミルキナが書き留めたノートには，『三つの死』にかんする以下のような講義がふくまれています。

　　この作品をまとめている原理は，死の問題である。この短篇は平行する現象にもとづいて組み立てられているが，このパラレリズムの動機付けはいささか表面的である。すなわち，地主貴族夫人が死に，農民が死に，樹木が死ぬ。地主貴族夫人は死を恐れている。彼女は力尽きた獣さながらにもがいており，苦しんでいる。彼女のなかでは生まれながらの声がひびいているのだが，生まれながらの原理が外部にあらわれようとするやいなや，

ほかの者たちが秘めている虚偽に出くわす。ほかの者たちはこぞって嘘をついており，もっとも重要なことについて嘘をついている。彼女の「自分自身にとっての私」と「他者にとっての私」を隔てている壁が通過不能であることこそ，地主貴族夫人の悲劇である。

　御者が死ぬが，彼は死を受け入れている。死というものがある以上は，自分自身も他人もあざむく必要などない。まわりの者たちもみな，彼と同様に，死を理解している。だから彼は，彼と他の者たちとのあいだに完全な相互理解があり，欺瞞が存在しないという意味で，堂々と死んでいく。

　樹木が死ぬ。ここにあるのはもはや完全な安寧であり，死の美しさが強調されている。死の苦悩や恐怖は自然への反抗を呼び起こす。だが自然に近く位置しており，自然に従っている者は，死を恐れない。

　自然と文化のアンチテーゼは，いっそう深まりながら，トルストイの創作全体のライトモチーフにとどまっている。

（Бахтин М. М. Собрание сочинений. Т. 2. 2000. С. 240）

　こうしたノートからは，バフチンがトルストイの『三つの死』の「内容」を的確にとらえていたことがわかります。

　その後もバフチンはトルストイに幾度か言及しており，1929年には「トルストイの劇作品について」，「トルストイの『復活』について」という二篇の論考（いずれも塚本善也訳）も残しています（伊東一郎・北岡誠司・佐々木寛・杉里直人・塚本善也訳『ミハイル・バフチン全著作　第五巻［小説における時間と時空間の諸形式］他』水声社，2001年）。

　けれども，バフチンのトルストイ論といえば，ひときわ注目されたのは，『ドストエフスキーの詩学の問題』のなかで，この『三つの死』を「モノローグ小説」の代表としてとりあげたことでした。これを契機に，ドストエフスキー＝ポリフォニー，トルストイ＝モノローグといった図式が広まりました。

　ポリフォニー自体についてはバフチンは，すでに『ドストエフスキーの創作の問題』（1929年）でつぎのように述べていました。

**　自立しており融合していない複数の声や意識，すなわち十全な価値をもった声たちの真のポリフォニーは，実際，ドストエフスキーの長篇小説の基本的特性となっている。作品のなかでくりひろげられているのは，ただひ**

とつの作者の意識に照らされたただひとつの客体的世界における多数の運命や生ではない。そうではなく，ここでは，**自分たちの世界をもった複数の対等な意識**こそが，みずからの非融合状態を保ちながら，組み合わさって，ある出来事という統一体をなしているのである。実際，ドストエフスキーの主人公たちは，ほかならぬ芸術家の創作構想のなかで，**作者の言葉の客体であるばかりでなく，直接に意味をおびた自分自身の言葉の主体にもなっているのである。**

（Там же. С.12）

大きくわけて二つのことが言われています。

ひとつは，ドストエフスキーの長篇小説では登場人物や作者の「声や意識」，すなわち「複数の声や意識」がたがいに絡まりあっているのだが，ただし，たがいの自立性，独立性は保ったままであり，ひとつに溶け合ってはいない，一体化はしていないということです。

もうひとつは，作者は登場人物たちを客体化していない，モノあつかいしていないということです。

こうした創作方法を，バフチンは〈ポリフォニー〉という用語のもとに念頭においていました。

バフチンによれば，ポリフォニー小説においては，登場人物どうしだけでなく，作者と登場人物も，対等な関係のなかで対話を行なっています。

こうした見解は，『ドストエフスキーの創作の問題』の発表当時はなかなか理解が得られませんでした。そこでバフチンは，この著書の増補改訂版『ドストエフスキーの詩学の問題』（1963 年。邦訳は『ドストエフスキー論──創作方法の諸問題』新谷敬三郎訳，冬樹社，1968 年，『ドストエフスキーの詩学』望月哲男・鈴木淳一訳，ちくま学芸文庫，1995 年）を刊行するにあたり，前著刊行以降の書評や他のドストエフスキー論への反論や批判を追加するとともに，具体例をふやすことによっても，ポリフォニー論の正当性を立証しようとしました。そこで選ばれたのが『三つの死』だったのです。『ドストエフスキーの詩学の問題』から該当箇所を引いておきます。

〔……〕この短篇で描かれているのは，実際には，その意味と価値が完全に完結した三つの生であると言うことができよう。そして，まさにこれら三つの生すべてと，それらによって条件づけられている（トルストイのこ

の短篇の）三つの部分は，**内的に閉じられており，互いを知らないのである**。それぞれのあいだにあるのは，短篇の構成や筋の統一のために不可欠な，完全に外面的で表面上の結びつきだけである。すなわち，病気の地主貴族夫人を運んでいる御者セリョーガは，御者小屋において，そこで死にかけている御者から長靴を頂戴し（死んでいく者にはもはや必要がなかろう），そしてその御者が死んだあと，墓に立てる十字架用に森で樹木を伐る。このようにして，三つの生と三つの死は外面的に結びついていることになる。

　しかし，内面的な結びつき，**意識どうしの結びつき**は，ここには存在しない。死にゆく地主貴族夫人は御者や樹木の生と死についてなにひとつ知らないし，御者や樹木は彼女の視野や意識のなかにはいってこない。御者の意識のなかにも，地主貴族夫人も樹木もはいってこない。自分たちの世界をもった三者の登場人物の生と死は，単一の客体的世界のなかで並び立っており，そこで**外面的には**接触すらしているのだが，かれら自身は互いについてなにも知らずにいて，互いのなかに反映されていない。かれらは閉ざされた声なき存在であり，互いの声も聞こえず，互いに応えたりしない。かれらのあいだには，いかなる対話的関係もないし，ありえようがない。かれらはいがみあうことも，同意することもない。

　しかし，それぞれに閉ざされた世界をもつこの三者は，三者を包含する，**作者の**単一の視野と意識のなかで統一され，対照され，相互に意味づけられている。この作者こそが，かれらについてすべてを知っており，三つの生と三つの死のすべてを対照させ，対決させ，評価しているのである。三つの生と死がたがいを照らしあわせるのは，ただ作者のためだけであり，かれらの**外部**にいる作者は，かれらの存在を最終的に意味づけ完結させるために，みずからの**外在性**を利用しているのである。登場人物たちの視野にくらべて，作者の包括的な視野が，巨大でかつ根源的な余剰を有している。地主貴族夫人が目にし理解しているのは，自分の小さな世界や自分の生と死だけであり，彼女は御者や樹木におけるような生と死が存在しうることなど思ってもみない。それゆえ，彼女自身，自分の生と死のあらゆる**虚偽**を理解したり評価することができない。彼女にはそのための対話的背景が存在しないのである。御者も，自分の生と死の英知と真実を理解したり評価することができない。こうしたこと一切は，余剰をもつ作者の視野

のなかでのみ解明される。もちろん，樹木は，その本性からして，自分の死の英知や美しさを理解することはできない。樹木に代わってそうするのは作者である。

　このようにして，各登場人物の生と死の完結的で全体的な意味は，作者の視野のなかにおいてのみ解明されるのであるが，ひとえにそれは，登場人物それぞれにたいする作者の視野の余剰のおかげであり，すなわち登場人物自身には見ることも理解することもできないということのおかげなのである。この点に，作者の余剰をもった視野の，完結的でモノローグ的な機能は存する。

　すでに見たように，登場人物たちのあいだやそれらの世界のあいだには，対話的関係が存在しない。しかし作者もまた，登場人物たちに対話的に接していない。主人公たちにたいする対話的立場は，トルストイには無縁なのである。かれは，主人公にたいする自分の視点を主人公の意識にまで届けないし，そもそも原理的に無理なのである。そのため主人公も，作者の視点に応答することができない。モノローグ的作品において，作者が主人公にたいして行なう最後の完結的な評価は，その本質からして，**当事者不在の評価**であり，それは，この評価にたいする主人公自身からのありうべき応答を予想もしなければ考慮にも入れていない。最後の言葉は，主人公にはあたえられていないのである。主人公は，作者による当事者不在の評価という，自分を完結させている硬い殻を打ち破れないでいる。作者の態度は，主人公が内側から行なう対話的な抵抗を受け入れようとしない。

　作者トルストイの意識と言葉は，一度たりとも主人公に向けられておらず，主人公に問いかけもしなければ，主人公からの応答も待っていない。作者は，主人公といがみあうことも同意することもない。作者が話しているのは，主人公とではなく，主人公についてである。最後の言葉は作者に属している。最後の言葉は，主人公の意識の外にあって主人公には目にはいらず理解できないということに基づいており，主人公の言葉と同一の対話的平面上で出会うことはけっしてない。

　『三つの死』の登場人物たちが生き，死んでいく外面的世界とは，これらの登場人物の意識にたいして客観的な位置にある**作者の世界**である。そこでは一切が，作者の総括的で全能の視野のなかで目にされ描かれている。地主貴族夫人の世界——彼女の住まい，家具調度，近親者たちとその心労，

医者たち，等々——も，描かれているのは作者の視点からであって，地主貴族夫人本人が目にし体験するとおりにではない（にもかかわらず，われわれはこの短篇を読みながら，この世界にたいする彼女の**主観的見地**も十分理解しているのだが）。御者の世界（御者小屋，炉，炊事婦，等々）も，樹木の世界（自然，森）も，これらすべては地主貴族夫人の世界と同様，おなじ客体的世界の諸部分であって，**おなじひとりの作者の立場**から目にされ描かれている。作者の視野は，主人公たちの視野・見地とどこにおいても交差しないし，対話的に衝突しない。〔……〕

　トルストイのモノローグ的立場は，この短篇ではきわめてくっきりと，外面的にも**一目瞭然のかたちで**あらわれている。まさにそれゆえにわたしはこの短篇を選んだのである。もちろん，トルストイの長篇小説や長めの中篇小説では，事情ははるかに複雑である。〔……〕

（Бахтин М. М. Собрание сочинений. T. 6. 2002. C. 81-85）

　長い引用になりましたが，『三つの死』にたいするバフチンのこうした見方に全面的に同意できるかどうかはさておき，樹木も含めた「登場人物」にたいするトルストイの描写には，「モノローグ的立場」ならではの作者からの「一方的な」特徴付けが見られることは確かです。またそれゆえに，繊細な描写になっているとも言えます。また，言葉もていねいに選び抜かれており，そのわかりやすい例のひとつが「髪」をあらわすロシア語の二通りの複数形の使い分けです。これなどは日本語に訳しわけることはきわめて困難です。原文で読む意義はこういうところにもあるのかもしれません。

　ちなみに，バフチンはドストエフスキーにかんして次のようにも述べています。

　たとえば，ドストエフスキーの多声的な長篇小説においては，言語面での差異化，すなわちさまざまな文体，地域的な方言や社会的方言，職業上の隠語等々が，レフ・トルストイ，ピーセムスキー，レスコフその他のような多くのモノローグ的作家にくらべてはるかに少ない。ドストエフスキーの長篇小説の主人公たちは，おなじひとつの言語を，つまりほかならぬ主人公たちの作者の言語を話しているかのようにすら思われかねない。言語のこうした一様性ゆえにドストエフスキーは多くの者から非難されたが，非難者のなかにはレフ・トルストイもいた。　　　（Там же. C. 203-204）

その意味では，トルストイの文章は語学力アップに向いているとも言えなく
はありません。

＊＊＊

　本書刊行にあたっては，水声社の鈴木宏社主，編集部の板垣賢太さんにたい
へんお世話になりました。心から御礼申し上げます。

2024 年 5 月　桑野 隆

著者について――

桑野隆（くわのたかし）　1947 年，徳島県に生まれる。東京外国語大学大学院修了。東工大，東大，早大でながく教鞭をとった。専攻，ロシア文化・思想。主な著書に，『民衆文化の記号学』（東海大学出版会，1981 年），『エクスプレス　ロシア語』（白水社，1986 年），『未完のポリフォニー』（未來社，1990 年），『夢みる権利』（東京大学出版会，1996 年），『20 世紀ロシア思想史』（岩波書店，2017 年），『増補　バフチン』（平凡社ライブラリー，2020 年），『もっと知りたいロシア語　初級から広げ深掘りする』（白水社，2021 年），『生きることとしてのダイアローグ』（岩波書店，2021 年）などが，主な訳書に，バフチン『マルクス主義と言語哲学』（改訳版，未來社，1989 年），ボガトゥイリョフ『衣裳のフォークロア』（共訳，せりか書房，2005 年），『ヤコブソン・セレクション』（共訳，平凡社ライブラリー，2015 年），オリガ・ブレニナ＝ペトロヴァ『文化空間のなかのサーカス』（白水社，2019 年）などがある。

トルストイ『三つの死』でまなぶロシア語

2024 年 7 月 1 日第 1 版第 1 刷印刷　2024 年 7 月 15 日第 1 版第 1 刷発行

著者―――――桑野隆

装幀者―――――齋藤久美子

発行者―――――鈴木宏

発行所―――――水声社

東京都文京区小石川 2-7-5　郵便番号 112-0002
電話 03-3818-6040　fax 03-3818-2437
[編集部] 横浜市港北区新吉田東 1-77-17　郵便番号 223-0058
電話 045-717-5356　fax 045-717-5357
郵便振替 00180-4-654100
URL http://www.suiseisha.net

印刷・製本　モリモト印刷

ISBN978-4-8010-0807-6

言語学のアヴァンギャルド 《記号学的実践叢書》
ボードアン・ド・クルトネからロシア・フォルマリズムへ

桑野隆　《詩の革命を唱え展開した未来派詩人たちとの緊密な連帯のなかから出発したロシア・フォルマリズム運動の一翼を担った》言語学者たちの歩みを，詩的言語研究会，モスクワ言語学サークル，プラハ言語学サークルの動向をも追いながら克明に辿る。　4000円

レーニンの言語 《記号学的実践叢書》

シクロフスキイ＋エイヘンバウム＋トゥイニャーノフ他／桑野隆訳　20世紀の言語学革命を主導したロシアのフォルマリストたちが，《詩的な美しさや文体上の装飾にうんざりし，「美辞麗句」を憎み，「雄弁」を軽蔑する》レーニンの政治的ディスクールの言語学的，修辞学的，記号論的な分析に挑む。『レフ』誌レーニン特集号の全訳。　2500円

ロシア・アヴァンギャルド小百科

タチヤナ・コトヴィチ／桑野隆監訳　〈芸術の革命〉をめざして，美術・建築・デザイン・演劇・音楽・詩等，芸術の全領域を横断しつつ激動の20世紀を駆け抜けた前衛芸術運動の全貌を詳述する本邦初の事典。　8000円

危機の時代のポリフォニー 《水声文庫》
ベンヤミン，バフチン，メイエルホリド

桑野隆　1920-30年代という《危機の時代》にあって，鮮やかな光芒を放ったベンヤミン，バフチン，メイエルホリド。彼らの営為に秘められた可能性の核心に迫る。　3000円

赤いナデシコ
《職業革命家》アーシャの回想録

アンナ・ラーツィス／桑野隆訳　ベンヤミンの〈恋人〉としても知られるプロレタリア演劇に生涯を捧げた女優／コミュニスト／《職業革命家》が，波乱に満ちた演劇活動の軌跡と自らの芸術観を語る。　3000円

逆遠近法の詩学 《叢書　20世紀ロシア文化史再考》
芸術・言語論集

フロレンスキイ／桑野隆＋西中村浩＋高橋健一郎訳　20世紀ロシア文化史上に異彩を放つ思想家の，中世イコンの精緻な幾何学的読解を試みた芸術論をはじめとする，言語・芸術分野の代表的論考を収録する。　4000円

[価格はすべて税別]